中国名村志文化工程
Culture Project of Local Records of China's Famous Villages

凌庄子村志

LOCAL RECORDS OF LINGZHUANGZI

天津市西青区李七庄街凌庄子村志编纂委员会　编

方志出版社
Publishing House of Local Records

图书在版编目（CIP）数据

凌庄子村志 / 天津市西青区李七庄街凌庄子村志编纂委员会编 . -- 北京：方志出版社，2017.12

（中国名村志丛书）

ISBN 978-7-5144-2865-0

Ⅰ. ①凌… Ⅱ. ①天… Ⅲ. ①村史—西青区 Ⅳ. ① K292.15

中国版本图书馆 CIP 数据核字（2017）第 315110 号

· 中国名村志丛书 ·

凌庄子村志

编　　者：天津市西青区李七庄街凌庄子村志编纂委员会
责任编辑：黄　彦

出 版 人：冀祥德
出 版 者：方志出版社
地址　北京市朝阳区潘家园东里 9 号（国家方志馆 4 层）
邮编　100021
网址　http://www.fzph.org
发　　行：方志出版社图书经销中心
电话　（010）67110500
经　　销：各地新华书店
排　　版：北京纺印图文设计制作有限公司
印　　刷：北京中科印刷有限公司

开　　本：787 × 1092　　1/16
印　　张：14
字　　数：307 千字
版　　次：2017 年 12 月第 1 版　　2017 年 12 月第 1 次印刷

ISBN 978-7-5144-2865-0　　　　**定价**：112.00 元

◉ 序一

连绵不断地编修地方志是中国独有的优秀文化传统，承担着赓续文明、传承文化的重任。保存至今的8000余种、10万余卷历代方志，蕴含着传统文化基因和海量文化信息，既是中华优秀传统文化的重要组成部分，又是传承、彰显中华优秀传统文化的重要载体。

在各种类型的地方志编纂中，村志编纂古已有之，但从未进入国家层面的地方志编纂序列。新中国成立以来，党中央、国务院高度重视包括村志编纂在内的地方志工作，出台了重要文件。中央领导发表了重要讲话、作出了重要批示。习近平总书记高度重视包括村志编纂在内的地方志工作。2004年10月，他在担任浙江省委书记时到江山市凤林镇白沙村考察，看到村民编纂的《白沙村志》，鼓励村民把村志继续编纂下去。2014年4月，刘延东副总理在与第五次全国地方志工作会议部分会议代表座谈时指出："要结合发展的新形势，加强对地方志包括部门志、行业志、专题志、乡镇村志编纂的业务指导和服务。"2015年8月，国务院办公厅印发的《全国地方志事业发展规划纲要（2015—2020年）》，正式将中国名村志文化工程列为主要任务之一。2017年5月，中共中央办公厅、国务院办公厅印发的《国家"十三五"时期文化发展改革规划纲要》指出："完成省、市、县三级地方志书出版工作。开展旧志整理和部分有条件的镇志、村志编纂。"可以说，村志编纂迎来了历史上的最好时期。

农业、农村、农民"三农"问题，是数千年来影响中国社会发展最核心的问题。中共中央高度重视"三农"工作，从2004年起，连续13年，每年的中央1号文件都聚焦"三农"。中共十九大报告更是提出"农业农村农民问题是关系国计民生的根本性问题，必须始终把解决好'三农'问题作为全党工作重中之重"，特别是提出了"乡村振兴战略"，这是中国共产党在中国特色社会主义进入新时代后，对农村发展问题所做出的准确把握和与时俱进的战略应对，是建设中国特色社会主义强国战略的重要组成部分。改革开放近40年来，在党中央、国务院高度重视社会主义新农村建设的新形势下，各地涌现出一大批历史文化名村、经济强村、新农村建设示范（试点）村、美丽乡村和特色村，成为先进生产力和先进文化的代表。客观记录中国农村全面建成小康社会的进程，向后人展示在中国共产党领导下农村千年未有的巨变，是地方志工作者肩负的光荣而重大的历史使命。编纂中国名村志丛书，是记载当代中国农村发展变革的重要途径。

文化寻根，寻的是其发展的源头和根基。村落是中国传统文化的根基所在。农村的生产生活方式、社会规范、宗族文化、宗教文化、民风习俗、传统节日、民间艺术等，无不镌刻着中国人独特的民族性格，这就是家国情怀、文脉绵延、精神归属。在快速城镇化进程的冲击和开发性破坏下，大量传统村落面临消亡的危机，村落蕴含的历史文化信息也流失殆尽，抢救性保护刻不容缓。编纂中国名村志丛书，是保存村落历史文化信息，抢救、保护村落文化最好的方式。

一方水土养一方人。家乡的山水草木、村间小巷、乡俗民情会在每个人心头留下深刻的烙印，这就是故土情结。而村落的形成与发展离不开人的活动。编纂中国名村志丛书，通过记述村落建筑、名门望族来追溯村落的历史；通过记述村落规模、布局、人口、物产等反映人口来源、宗族兴衰、生活习惯、文化背景、宗教信仰、经济发展等，体现环境与人相互影响、相互作用、相互发展的既矛盾又统一的关系；通过记述戏剧、音乐、舞蹈、美术、文学、手工技艺等文化形式，展示百姓在长期的生产生活实践中摸索和总结出的智慧结晶，强化人们沟通感情的纽带。编纂中国名村志丛书，是传承乡俗、诉说乡音、记住乡愁、纾解乡思，激活历史传统、唤起共同文化记忆、塑造共同心灵认同的重要文化工程。

中国名村志文化工程以践行文化自信、传承中华文脉、彰显时代发展为己任，以打造全国地方志系统的重要品牌为目标，在体裁运用、篇目设置、资料选择等方面进行大量的创新，突出“名”和“特”，拣选各个名村中最值得记述、最具有代表性的人、事、物，予以浓墨重彩的描画，从而形成系列的、高质量的、可读性强、雅俗共赏的地方志读本，让地方志紧接地气、贴近百姓，让地方志成果进入寻常百姓家，让人民群众共享地方志成果，让越来越多的人从地方志中感知传统、历史和记忆，成为传统村落和传统文化的守护者，成为中华优秀文化的传承者。

是为序。

中国社会科学院院长
中国地方志指导小组组长　王伟光
2017年11月

◉ 序二

习近平总书记指出："让居民望得见山，看得见水，记得住乡愁。"这句富有诗意的重要论述不仅唤醒了中国人城镇化建设过程中对于人和自然关系、人和历史关系的思考，同时也引发了学界对"乡愁"进一步进行文化意义解读的兴趣。从本质上看，乡愁是一种源自主体体验的情感，隐含了一种人们带着乡愁追寻自我生存与生命意义、追寻诗意栖居的精神家园的美学思辨。同时，这种追寻自我生存的主体逐渐转向大众群体，乡愁也由传统单一的"文化乡愁""爱国情怀"演变为对于"理想家园"的精神追求。

中国有近60万个村庄，约有5000个古村落，被住房城乡建设部和国家文物局界定的传统村落就有1561个。随着中国城镇化步伐的加快，乡村的版图日渐凋敝，大批农村青壮年劳动力走进城镇，融入了新的生活。然而，每逢传统佳节，那种挥之不去的离愁别绪挟裹着亿万农民工，又融入了返乡的滚滚洪流。这是乡愁的情愫牵动着他们，是故乡的山、故乡的水、故乡的老屋、故乡的小吃在牵动着他们，是故乡家家户户的楹联和口口相传的故事，以及只有在隆重的传统佳节才有的古老的民风习俗在牵动着他们。

文化可以体现一个民族、一个国家、一个社会的重量与体温，这是文化的力量之所在，而村落是传统中国的根脉所系，乡土社会是最能够体现中国传统文化特征的地方。梁漱溟曾指出："中国文化是以乡村为本，以乡村为重，所以中国文化的根就是乡村。"我曾在《建设社会主义新农村的理论与实践》一书中指出，在新农村建设的过程中，必须"保护和发展有地方和民族特色的优秀传统文化，创新农村文化生活的载体和手段，满足农民群众多层次、多方面的精神文化需求"，而编纂村志尤其是实施中国名村志文化工程就是一个重要举措。实施中国名村志文化工程，编纂中国名村志丛书，以最基层的村落为研究对象，寻根传统村落的历史，梳理村落的发展脉络，以唤起人们的归属感和认同感，探索新型城镇化和社会主义新农村建设过程中，如何留住乡音、乡风、乡思，继承传统文化精华，挖掘丰富历史智慧，是贯彻落实中央城镇化工作会议精神和中共十九大提出的“乡村振兴战略”的重要举措，是当前和今后一个时期全国地方志工作者的重要工作。

虽然村落文化正在日益远离当下生活，但我们可以抓住诸如基本村情、文物胜迹、古村保护、特色文化、旅游名胜、村域经济、风土民情、村民生活、新农村建设、艺文杂记、名人与名村等关键内容，通过志书的手法来诠释乡村文化的精华。我们如实记录着村落里的人和事，以及青山绿水、小河大树、袅袅炊烟，力争以最完整、最原真的方式呈现村落的前世今生。我们要为“迷失”的人留住乡村文化的根脉，让人们难以割舍的乡愁得以慰藉和释放。

中国名村志文化工程将触角伸向那些极具代表性的村落，它们有的历史悠久、名人辈出，有的经济腾飞、重获新生，有的风景秀丽、景观独特，有的地处边陲、神秘莫测……我们挖掘中国不同类型村落的发展之路，为探索新型城镇化和社会主义新农村建设的发展经验、发展模式、前进道路提供历史智慧和现实借鉴。因此，打造以重在表现乡村嬗变为主旨的中国名村志丛书十分必要和迫切，这是一项功在当代、利在千秋的文化工程。

近年来，随着中国经济社会的发展和国际地位的提高，越来越多的人想要认识中国、了解中国、研究中国。在这样的形势下，乡村是不可或缺的一环，我们要集中讲好发生在乡村的故事，向世界呈现一个多元的、立体的中国。乡村历经岁月变迁的风雨，见证着改革开放的步伐，寄托着数代中国人的情感。发生在乡村的故事无疑是血肉丰满的、震撼人心的、引起共鸣的。我们应该有这个自信能够讲好乡村故事，讲好中国故事，描绘出中国的底色，“让每一个中国人都能在地方志中找到自己的位置”。

可喜的是，越来越多的有识之士认识到了这一点，加入到保护、传承、发展村落文化的队伍中来。仅就编纂中国名村志丛书来看，第一批的申报范围就涵盖包括香港特别行政区在内的32个地区，申报数量高达70余部。“直笔著信史，彰善引风气，为当代提供资政辅治之参考，为后世留下堪存堪鉴之记述”，这是我们的初心和使命。希望中国名村志文化工程的实施，能够带动更多的人关注中国乡村文化，为社会主义文化强国建设作出更大的贡献。也希望越来越多的名村都来融入继承中华文化传统、颂扬中华传统文化的活动中，让正能量更多地润泽温暖人们的心灵，让更多的人“记得住乡愁”！

是为序。

中国社会科学院副院长
中国地方志指导小组常务副组长
2017年11月

◉ 天津市西青区李七庄街凌庄子村志编纂委员会

主　　编　赵光勋

主　　笔　张殿成

编辑人员　赵万霞　苏银梅　王兆敏　马金海

赵光达　刘文安　田凤岐　兰　涛

阎学良　张　境　范海红

照片提供

黑白照片　选自《凌庄子记忆》画册

彩　　照　马天翼　赵宝磊　赵　帅　村摄录室

街景

◉ 中国名村志丛书凡例

一、以马克思列宁主义、毛泽东思想、邓小平理论、“三个代表”重要思想、科学发展观、习近平新时代中国特色社会主义思想为指导，坚持辩证唯物主义和历史唯物主义的立场、观点和方法，存真求实，全面、客观、系统记述我国村落发展变化进程和改革开放成果，传承和抢救乡土历史文化，激发爱国爱乡情怀，为探索中国特色新型城镇化建设、社会主义新农村建设的发展经验、发展模式、前进道路提供历史智慧和现实借鉴。

二、为全面反映入志事物发展脉络，各志上限尽量追溯至事物发端；下限一般断至各村志启动编修年份，个别重大事项可延至搁笔。

三、记述地域范围以下限年份的行政辖区为主。为体现名村在更大区域内的意义，可以从更开阔的区域视野记述与该村相关的内容。

四、统一采用纲目体，设类目、分目、条目三个层次。横排门类，纵述史实。除《中国名村志丛书基本篇目》要求的必设类目外，其余类目根据各村实际，依照突出时代特色、地方特色的原则自行安排。

五、综合运用述、记、志、传、图、表、录等各种体裁，以志体为主。

六、除引用文字和附录文献资料外，统一使用规范汉字及现代语体文记述体。记事坚持秉笔直书、述而不作，只记事实，不作评论，寓观点于材料之中。行文力求朴实、严谨、简洁、流畅、优美，具有较强可读性。

七、人物部类遵循“生不立传”原则，人物传主按生年排序，只选录对本村发展有重大影响的人物，不面面俱到。

八、所需数据一般采用政府统计部门数据，无政府统计部门数据时选用主管部门正式提供的数据。

九、数字用法、标点符号、计量单位分别执行国家标准《出版物上数字用法》（GB/T15835—2011）、《标点符号用法》（GB/T15834—2011）、《国际单位制及其应用》（GB3100—1993）和《有关量、单位、符号的一般原则》（GB3101—1993）。历史上使用的计量单位，如斗、石、里、尺、磅、华氏度等，在引文时可照录。考虑到社会使用习惯，全书中亩不统一换算，1 公顷＝ 15 亩。

十、自中华民国成立后的纪年，均使用公元纪年。志中所称“解放前（后）”，以当地解放日为界；“新中国成立前（后）”，以中华人民共和国成立日 1949 年 10 月 1 日为界；“改革开放前（后）”，以中共十一届三中全会召开的 1978 年 12 月为界。本志“× × 年代”，凡未加世纪者，均指 20 世纪的年代。

十一、为节省篇幅，避免重复，本志采用条目互见法。参见条目的表示形式为：参见本志“× × 类目 · × × 分目 · × × 条目”。

十二、对旧志、古籍中的繁体字、冷僻字一般用简化字或通用字替换，易引起误解的则保留。

十三、记述各个历史时期的党派、机构、职务、地名等，均以当时的名称为准。对频繁使用的名称，首次用全称，其后用简称。

十四、各村志需要单独说明的事项，均在各自编纂始末中记述。

凌庄子村在中国的位置

北京
西青区
天津
凌庄子村
北京市
天津市
河北省
内蒙古自治区
黑龙江省
哈尔滨
吉林省
长春
辽宁省
沈阳
呼和浩特
新疆维吾尔自治区
乌鲁木齐
甘肃省
宁夏回族自治区
银川
青海省
西宁
兰州
陕西省
西安
山西省
太原
石家庄
山东省
济南
渤海
黄海
黄河
河南省
郑州
江苏省
南京
安徽省
合肥
上海
上海市
西藏自治区
拉萨
四川省
成都
重庆市
重庆
湖北省
武汉
长江
浙江省
杭州
东海
江西省
南昌
湖南省
长沙
贵州省
贵阳
福建省
福州
台湾省
台北
台湾岛
钓鱼岛
赤尾屿
云南省
昆明
广东省
广州
广西壮族自治区
南宁
香港
澳门
东沙群岛
海南省
海口
海南岛
西沙群岛
永兴岛
南海
中沙群岛
黄岩岛
南沙群岛
曾母暗沙
图例
北京 首都
天津 省级行政中心
未定 国界
省、自治区、直辖市界
特别行政区界
名村所在县级区域
名村
1：32 000 000
审图号：GS（2017）3697号

凌庄子村在天津市的位置

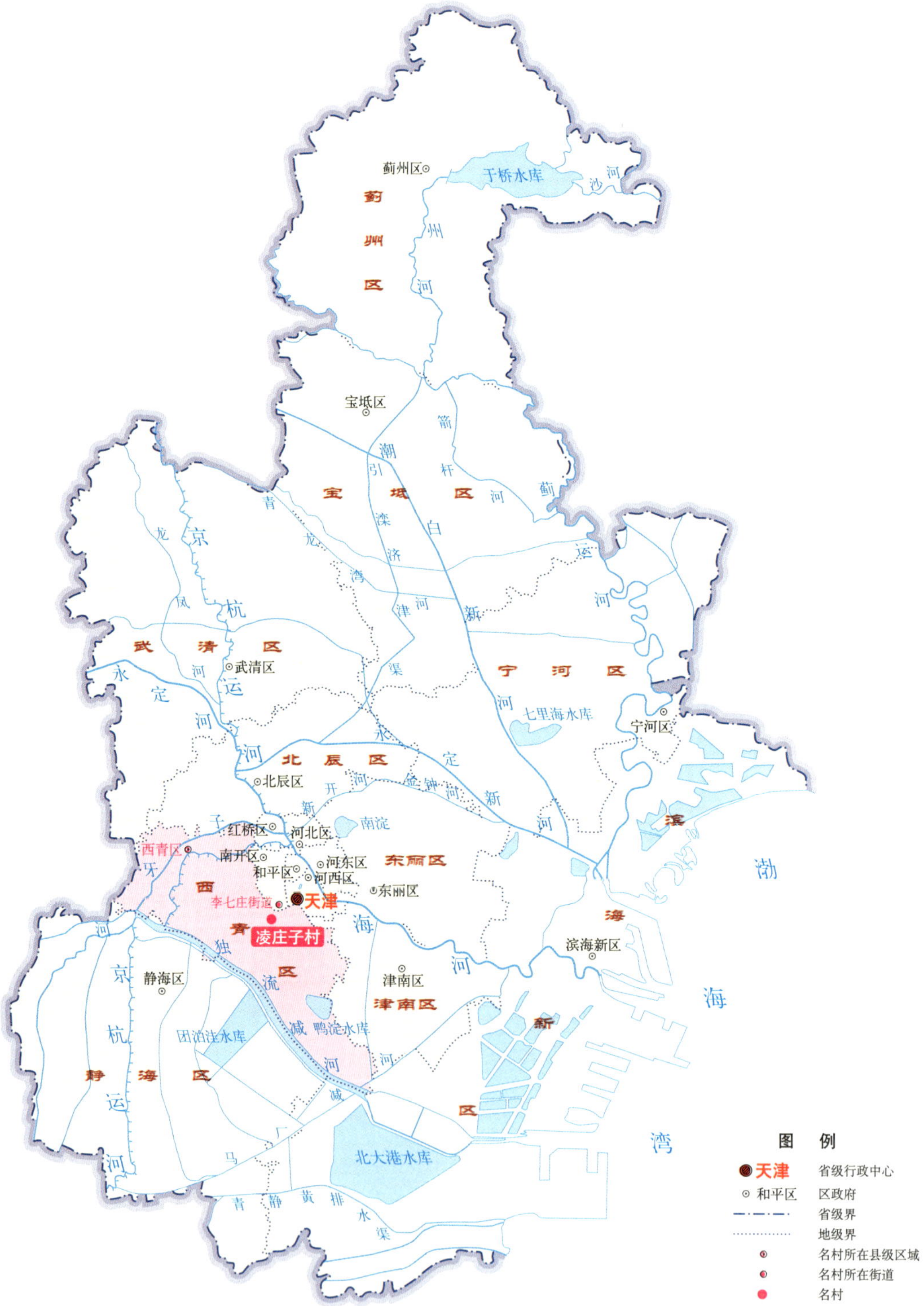

1：980 000

审图号：GS（2017）3697 号

凌庄子村平面示意图

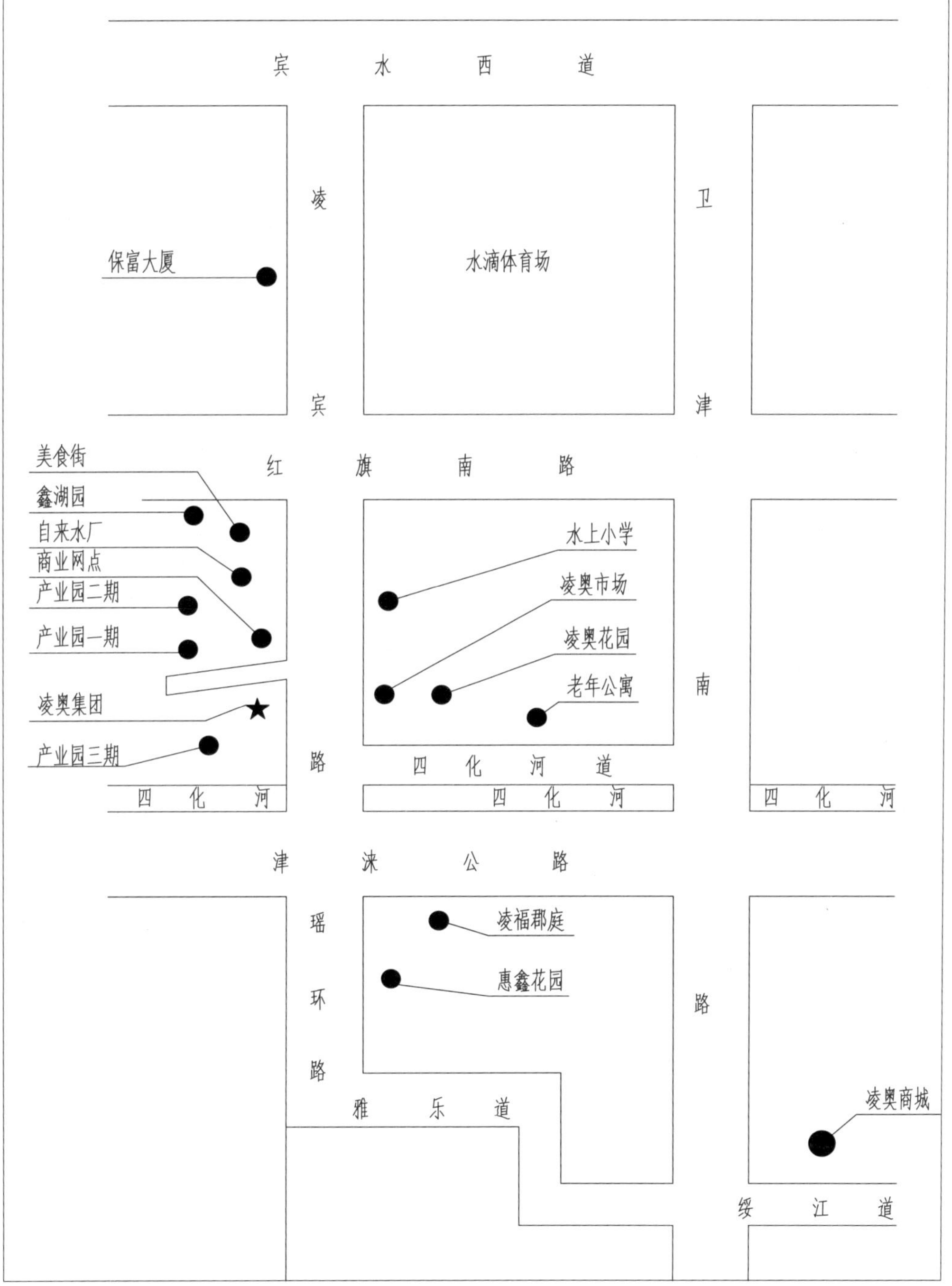
宾水西道
凌宾路
卫津南路
红旗南路
保富大厦
水滴体育场
美食街
鑫湖园
自来水厂
商业网点
产业园二期
产业园一期
凌奥集团
产业园三期
水上小学
凌奥市场
凌奥花园
老年公寓
四化河道
四化河
四化河
四化河
津涞公路
瑶环路
凌福郡庭
惠鑫花园
雅乐道
凌奥商城
绥江道

凌奥创意产业园

2013年，凌庄子村健身舞队参加天津市健身舞比赛

2016年，凌奥足球队在训练中

街区一角

노블레스

目录

概述

凌庄子村名，起始于明初立村的传说。村庄历史悠久，地处天津“老城厢”正南方的城乡接合部，村民生产和生活都带有城郊特征。随着现代城市的扩张，凌庄子被划入市区，成为名副其实的“城中村”。

历史上，凌庄子村非常贫穷。由于地洼土碱，水灾频繁，饥寒和逃荒成为凌庄子人的沉重记忆。村域附近河道交汇，村头是连通海河运输的码头，后来成为出入天津的货物集散地。凌庄子人祖祖辈辈靠驶船、挑运、装卸、当窑工为生，付出无尽的辛劳，却只能得到微薄的收入。

现在的凌庄子村，走出一条创新发展之路。这些乡土气未脱的农村人融入大城市，并在天津创建了创意产业园，成为天津市新型业态的开拓者。经过十几年的努力，凌庄子人取得了巨大成功，凌庄子村成为天津市经济强村和社会主义新农村建设的典范。

回顾凌庄子的发展历程：在计划经济时代，村子里经济基础薄弱，发展速度缓慢；改革开放后，发展工业，村集体经济状况得到好转；进入 21 世纪，村里的大量土地被征收，村庄进行了拆迁改造，凌庄子面临发展的抉择。新一届两委会班子决定，说服村民将征地款集中使用，使之成为发展集体经济的第一桶启动资金。在得到大多数村民同意后，创建凌奥创意产业园，使之成为村经济发展的基石和起点。2007 年，成立产业园实体——凌奥集团，全面整合集体财产，并迅速形成以房地产开发为龙头、以房屋租赁为主导，广泛涉及工业制造、商业运营、投资管理、物业管理、市场服务、文化交流等全方位架构的经济实体。此后，立足于凌奥创意产业园平台，实现了大跨度的飞跃，村集体总收入、主营业务收入、企业工业总产值、利税总额连年突破亿元。至 2016 年，凌奥创意产业园先后获得“国家创业促进就业实验园”“国家级科技企业孵化器”“国家 AAA 级旅游景区”等 10 项国家级称号和认证。村集体资产总值达到 30 亿元，村集体总收入 2.3 亿元。凌庄子村一跃成为天津市高经济总量和高人均收入村庄之一。

村庄富裕后，改变村民的精神面貌，提高村民的文明程度和生活品位，成为凌庄子人的追求目标。他们把“创建全国文明城区”纳入村庄发展总体规划，制定《创建“全国文明城区”活动实施方案》，不遗余力地开展文明城区创建工作。从改变内部环境、扭转脏乱差现象做起，最终使村庄环境优美，面貌一新。在“文明村镇创建”活动中，实行“外整环境，内置硬件”，为建立区、市和全国文明村镇打下坚实基础。其间，注重对村民实行文明生活方式引导，鼓励人们“奉献、友爱、互助、进步”，建立良好的家风村风。在村中开展志愿者活动，组建各种志愿者服务队，为建造文明温馨的社会而服务。经过几年的努力，不仅村容村貌大为改观，村民的文明程度和生活品质也大为提高。原来一个被视为不文明村的凌庄子，一跃成了和谐文明的先进村。2014 年，凌庄子村被评为天津市文明村镇。2015 年，又被中央精神文明建设指导委员会命名为“全国文明村镇”。

在实现转变期间，不论是村务还是企业管理，凌庄子人摸索和建立起一套系统的制度。“用制度施政，靠制度管人”是凌庄子人取得经济和精神文明建设成绩的成功经验之一。2003 年新班子上任之初，村里穷、乱、散，干群关系尖锐对立，村务纷乱无序。在极为棘手的局面下，新班子决定用制度作为管理的“利器”，使村民行为有章可循，以改变村庄的混乱局面。通过几年的时间，陆续制定和完善了 76 种制度。制度确立后，他们坚守一个铁的原则，那就是“在制度面前人人平等”。村民们遵纪守法、严格按制度办事，制度成了日常生产和生活的行为准则。也因此，使凌庄子村从一个“乱村”变成社会安定和谐的先进村。一项项制度，不仅规范了村民的行为，也成为驱动经济发展和精神文明建设的发动机、驱动器。

富裕后的村支部、村委会不忘曾承诺的“共同致富”的初心，一边把资金用于扩大再生产，一边把红利回报给“第一桶金”的参与者：实行与城市职工一样的退休制度，并且每个家庭都有物业等各种补助。另外还有城市居民没有的福利：免费住宅楼分配，高中以上学段都有相对应的学费补助金，待业者也能领到一笔自主创业补助金。逢年过节，每个家庭都会收到一笔不菲的“年节费”。最暖心的是对劳作一生的老年人，不仅提供免费的老年公寓，集体缴纳医疗保险，还为他们上社会保险，使传统的靠儿女养老的人们不再有后顾之忧，相反，有的还能贴补儿女的生活。如今的凌庄子，人人脸上洋溢着欢愉的笑容……

基本村情

凌庄子村于明洪武年间依河傍水而建。古来由于地势低洼，土地盐碱，农业生产水平低下，人们生活困苦。解放后，生产和生活条件得到改善。20世纪60年代，人们以漕运、渔业为生。后随着农业、渔业生产的发展，生活水平不断提高。改革开放后，借助地域优势，村经济向工业化靠拢，呈城郊型经济特征，集体经济不断发展。2003年创建凌奥创意产业园之后，经济得到快速发展，十几年间，一跃成为天津高经济总量和高人均收入村庄之一。

随着天津市区版图的扩充，凌庄子村成型的村域消失，村庄整体完全融入城市，成为繁华都市的一部分，由天津著名的"城中村"，逐步发展成为富裕村，并打造成全国文明村镇。

区域位置

区位 凌庄子村位于天津市区南侧城乡接合部，处西青、南开两区南部交界地带，村域东至红旗南路，南至津涞公路，西至外环线，北至卫津南路，距奥运水滴体育馆南侧600米，是天津西南城中村之一。

村庄东与赵金庄村接壤；西有自来水河（四化河）自南环绕，与津浦铁路隔河相望；南与蔡台村毗邻；北与红旗南路相通。

地理坐标：北纬39°06′78″，东经117°18′35.8″。

交通 20世纪60年代前，海河直达凌庄子村界，周边区域的卫津河、津港运河等均与海河相贯通，当时水路运输繁忙，各种货船与商船每每首尾相接，繁盛一时。后随着周边公路的修建和河流被填塞，水路运输逐渐消失。

凌庄子村毗邻首都、滨海两大国际机场及天津港：至北京首都机场120千米，汽车车程90分钟；至天津滨海国际机场交通距离18千米，地铁车程50分钟；至天津站交通距离8千米，地铁15分钟可达；至天津港50千米，汽车车程50分钟。

村周边拥有高密度的立体交通网络，有快速路、外环线2条国家级干道

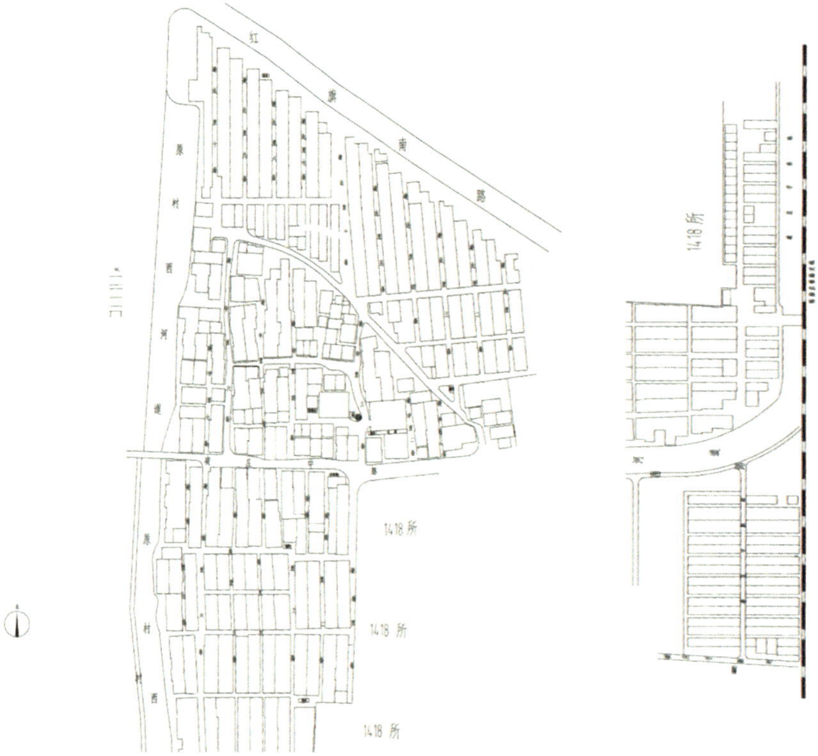

平房改造前村街道房屋位置示意图

村区位图（2016年）

沿村通过；省级道路红旗南路、凌宾路贯穿全境；沿街道路有凌庄子道、香霞路、瑶环路、四化河路、快速路凌西道等 5 条。域内凌庄子道公交站，经过公交 12 路、306 路、711 路、870 路、878 路、951 路、快速 1 路 7 个公交线路；凌奥创意产业园公交站的公交 870 路设有 46 个站点；村属居民小区周边均设有通往市区及邻村的公交站点，交通便利。地铁 5 号线凌宾路站的建成，使凌庄子地区的交通更加通达便捷。

村沿街道路（2016年）

建置沿革

村庄由来 凌庄子村地处古天津卫南侧，地势低洼，俗称这一带为“卫南洼”。村周边河道互相贯通，自然坑塘众多。丰水之年，远远望去如水连天，一片汪洋。相传明洪武初年，燕王朱棣挥师北上，其部将凌氏在此驻军，后受封于此，遂择高地定居。随其而来的部下多为山东惠民人，凌氏辟地开荒，依山东习俗排街筑舍，渐成村落，时人以所立村庄称为“凌家庄”，俗称凌庄子。1984年，进行地名标准化处理时，定村名为凌庄子村。

村旧址地下曾出土有多块明初陶片，可证村庄建立不晚于明朝初年。

立村时，村庄北高南低，凌姓居中而居，他姓住于两边。后形成两街三巷，村南为一大胡同，村西有一条村边路，可通往他处。村西多坑泊，漕船沿河可通津海河，上溯可至天津卫。村北处处水洼，庄稼很少生长，故早期村民多于水上谋生。

原村中古树、“小庙”

初建村时，村民还在村中建造一座土地庙，栽植3棵槐树，以期得到一方土地神佑护。后土地庙残破时，都会得到村民修复，故庙一直在村中得以保留。1939年，庙被大水冲垮，槐树只剩1棵。后来由一位开砖窑的张姓村民出资重建。因庙体小，村民习称“小庙”。2002年平房改造时，“小庙”随旧村拆毁。村人留恋不舍，又于凌奥花园小区南侧重建“小庙”。

平房改造前，村庄南北长 1000 米，东西宽 500 米，面积 50 万平方米。改造后，村形原貌不复存在。

附 1：咏古槐土地庙[①]

凌庄庙台老槐树，许老五爷来栽种。栽树当年闹大水，只余孤根得续生。
饱历冰霜经风雨，缺衣少食民苦情。贫苦百姓幸解放，百年槐树作证明。
凌庄有座土地庙，庙小历史日久深。近百年来修三次，二八[②]大水后一回。
解放以后庙不存，仲才光禄[③]又复修。村逢平改庙又迁，古时小庙重现身。

隶属变革　明洪武年初，凌家庄（今凌庄子，下同）属河间府静海县。

明永乐二年（1404），该村仍属静海县。

清乾隆四年（1739），天津县依据地域将所辖村庄分为东、西、南、北 4 路，凌家庄被划入南路。

清光绪二十四年（1898），凌家庄划入天津县南乡。

清光绪三十年（1904），天津四乡巡警总局成立，管辖范围包括海河一带及天津郊区，凌家庄划属巡警南局。

1913 年，北洋政府裁府留县，改州、厅为县，保留天津县、静海县建制，时凌家庄属天津县。1925 年，天津县将全县划分为 8 个区，凌家庄被划属第二区。1934 年，凌家庄仍属天津县第二区管辖。

抗日战争胜利后，中国共产党领导的人民武装建立基层民主政权，凌家庄划入津南县七区。

1951 年，凌家庄从河北省天津县析出，与李七庄、赵金庄划入天津市十一区。

1952 年，天津县划属天津市，凌家庄回归天津县，属第五区。

1953 年 5 月，撤销天津县行政建置，成立津东郊、津西郊、津南郊、津北郊 4 个郊

---

① 作者：半农。
② 二八：即 1939 年，当年大水。
③ 仲才光禄：为两位村民姓名。

区，凌家庄划属津西郊区李七庄乡管辖。

1955 年 6 月，津西郊区更名为西郊区，凌家庄属西郊区李七庄乡辖内村庄。

1958 年 8 月，农业社改为人民公社，撤销小乡建置，设立西郊区东风、红旗两个人民公社，凌家庄划归东风人民公社。9 月 20 日，实行新行政区划，凌庄子并入南开区，时属东风人民公社。1959 年 5 月，东风人民公社更名为卫南人民公社，凌家庄辖属未变。

1960 年 10 月，天津市将南开区所辖卫南人民公社划入和平区，凌家庄随之划入。

1962 年 2 月，恢复西郊区建置，卫南人民公社划入西郊区，凌家庄复归西郊区管辖。

1963 年 1 月，撤销卫南人民公社，成立辛院、李七庄和梨园头 3 个人民公社，凌家庄划归李七庄人民公社。

1983 年 6 月，李七庄人民公社改为李七庄乡，大队管委会改建为村民委员会，区划未变。

1984 年 11 月，凌庄子村再次划入南开区，属八里台街道办事处辖村。

1986 年 2 月，南开区成立凌庄子街道办事处，凌庄子村划属凌庄子街道办事处。

1992 年 3 月，西郊区更名为西青区，凌庄子村属西青区李七庄乡管辖。

1997 年 12 月，李七庄乡撤乡建街，凌庄子村归李七庄街道办事处管辖。至 2016 年，隶属未变。

◉ 自然环境

地质　地貌

地质　根据地质、石油部门勘探资料，村域属元古界。是距今 8 亿年以前，华北古海洋中沉积的海相地层。主要岩性是碳酸盐类的石灰岩、白云岩、燧石白云岩、含粉砂微晶白云岩、沥青质白云岩、黏土岩类的泥岩、页岩及碎屑岩类的砂岩、粉砂质岩等。域内地下最古老的地质基础是由太古界变质盐系构成的结晶基底。在距今 18 亿年至 8 亿年前的元古代时期，域内与华北广大地区沦为浅海。海洋侵占长达 10 亿年之久。在比较稳定的海洋环境中，沉积滨海湖的砂岩、泥岩和页岩，浅海湖相的石灰岩、白云岩、硅质岩地层。距今 8 亿年时，域内与华北浅海一起上升隆起，海退成陆。

地貌 村域系海积冲积平原，地势低洼平坦，地面海拔 2.5 米以下，村域面积呈多边形。村境为全新世堆积和河湖相沉积物夹数层海相淤泥地层。距今 4.6 亿年前的奥陶纪华北地区地壳上升，形成华北古陆，域内作为华北古陆的一部分，保持一亿多年的陆地地形环境。

土壤河塘

土壤 境内主要分布盐化潮土，俗称“盐碱地”。物理性状属重壤质土、黏土。由于地势低洼，地面海拔在 2.5 米以下，故地表与地下盐分的汇集，土壤和地下水含盐量高。春季土壤返盐严重，轻度的地面板结，中度的地面发潮，重度的地表有盐斑、盐结皮，对旱作物危害较大，宜发展水稻、渔业、蔬菜。

自来水河 又名四化河。系二级河道，从凌庄子村域西至南穿过。主要为天津自来水公司凌庄子水厂供水，故名。西起南运河右岸前桑园村，向东流经杨伍庄，至凌庄子水厂。1958 年开挖。全长 15.7 千米。80 年代与四化河交汇统称四化河。四化河主要功能是排涝、蓄水和生态景观，西起复兴河与卫津河交汇，由东向南经外环河到凌庄子村北的凌宾路上，全长 5.8 千米。2003 年进行治理，对岸坡进行护砌，修建多处桥涵。2013 年，为提升城市水环境，建设生态宜居城市，提高沿河环境景观，再次进行清淤和治理。

津港运河 该河为沟通天津市与大港区水上运输而疏浚，故名。1960 年人工挖成，1978 年拓宽。河道北起河西区纪庄子西侧卫津河，经西青区东南部，南至大港区万家码

原村南小河（2001年）

头村西入马厂减河。长35.5千米，上口宽30～35米，底宽12米，最大流量20立方米/秒。因水源不足，水运功能未能实现，成为人工季节河，主要用于农田灌溉和汛期排涝。河上建有李港铁路桥、外环线公路桥等。

坑塘 由于砖窑的兴旺，烧砖取土留下许多形态各异的窑坑，一到雨季积水满溢。后来村民在窑坑内蓄水养鱼，逐渐形成商品鱼养殖基地。90年代，村域面积较大的有西洼坑、福兴西坑、西片育苗坑、北大片坑、吊扇厂坑、甲鱼池、沙土坑等，占地面积1763亩。50年代之前，村域内有一道水沟，自村东经村北环绕到村西，将村东的东坑、村西的西坑一脉相连。每逢雨季，村周边的坑塘沟渠汇集雨水，溢满成片，并与村外的河道相连通，南泄入海。

气候

季风显著 村域盛行风向随季节变化而发生明显转换。冬季，在蒙古—西伯利亚高气压控制下，气压梯度力从欧亚大陆腹地指向太平洋低压区，盛行西北风；夏季，受北太平洋副热带高气压影响，气压梯度力由太平洋高气压区指向亚洲大陆低气压区，盛行风向为东南风。春秋季为过渡季节，风向多变。

四季分明 春季（3—5月），随着太阳直射点北移，村域的太阳高度角逐渐增大，日照时间逐渐变长，气温回升，天气转暖，蒸发旺盛，空气干燥，多风少雨，易出现春旱。当北方冷空气势力较强时，常会造成“倒春寒”现象，对越冬作物返青和春播作物不利。夏季（6—8月），为域内一年四季中太阳高度角度最大，白昼时间最长，气温最高的季节。热带太平洋的东南季风送来高温、高湿的气流，形成明显的雨季，降水集中，时有洪涝、冰雹、连阴雨等灾害天气发生。秋季（9—11月），暖湿气团势力减弱，冷空气开始活跃，气温下降，降雨明显减少。域内低空有蒙古—西伯利亚高气压侵袭，高空仍被北太平洋副热带高气压所笼罩，大气稳定，晴朗少云，寒暖适中，利于大秋作物和水果的成熟与收获。有时也有秋旱、冰雹、霜冻天气出现。冬季（12月至次年2月），在干冷的极地大陆气团控制下，以晴为主，雨雪稀少，加之太阳高度角最小，白昼时间最短，气温为全年各季的低值，河水结冰，大地封冻。

温差大 村域气候最热月为7月，多年平均气温为26℃，高于北半球同纬度大陆东西岸地区的7月气温值；最冷月为1月，多年平均气温为−4.9℃，低于北半球同纬度大陆东西岸地区最冷月1月的气温值。多年平均气温年较差即最热月7月平均气温与最冷月1月平均气温之差为30.9℃，高于北半球同纬度大陆东西岸地区的年较差。多年平均气温日较差为 11.6℃，一日最大日较差达 24.5℃。日较差以春季最大，以 4 月为代表，平均日较差为 13.3℃；秋季次之；夏季最小，以 7 月为代表，平均日较差仅为 8.9℃。气温日较差大，有利于作物养分的制造、积累和储存。

雨热同期 村域夏季（6—8 月）是全年的高温期，此时也正值夏季风盛行期，由东南季风从热带海洋带来丰富的水汽，降水集中，形成高温期（6 月、7 月、8 月各月均温在 24℃以上）与多雨期（6—8 月三个月降雨占年降水量的 73%）相一致。夏季既高温又多雨，正值作物和果林的旺盛生长期，光、热、水的有机配合，对农业、林业、渔业的发展非常有利，这是北半球同纬度其他地区所无法比拟的。

气温地温 据西青区气象站 1958—1995 年观测统计，村域年平均气温为 11.6℃。夏季气温最高，各月均温都在 24℃以上；冬季气温最低，各月均温皆在 −2℃以下；春秋季各月均温在 4℃ ~ 24℃之间，寒暖适中。1—12 月各月均温分别为：−4.9℃、−2.4℃、4.7℃、13.3℃、19.8℃、24.1℃、26℃、25℃、20℃、13.1℃、4.4℃、−2.4℃。

村域气温在一年中高低悬殊，最热月均温出现在 7 月，达 26℃；最冷月均温出现在 1 月，为 −4.9℃。极端最高气温为 40.4℃，出现在 1972 年 6 月 10 日；极端最低气温为 −24.2℃，出现在 1966 年 2 月 22 日。历年及累年各月平均最高气温为 17.7℃，历年及累年各月平均气温为 −6.4℃。

霜期与无霜期 村域初霜日为 10 月 19 日，终霜日为翌年 4 月 18 日，霜期持续 181 天。无霜期有 184 天。长达 6 个月的无霜期可满足喜凉、温、暖作物的生长需要。

地温 自 11 月至翌年 1 月，地面温度低于气温，其余各月均高于气温。年平均地面温度为 13.9℃，比年平均气温 11.6℃高 2.3℃。地面温度全年最热月为 7 月，达 30.1℃；最冷月为 1 月，为 −5.26℃。1—12 月各月，地面平均温度分别是 −5.6℃、−2.0℃、6.8℃、16.9℃、24.8℃、29.4℃、30.1℃、28.6℃、23.2℃、14.5℃、4.1℃、−3.4℃。地面极端最高温度为 68℃，出现在 1972 年 7 月 14 日；极端最低温度为 −27.9℃，出现在 1966 年 2 月 22 日。

冻土期 村域土壤冻结一般始于 11 月 14 日，终于翌年 3 月 5 日，稳定冻土期为 111 天。最大冻结深度 56 厘米，出现在 1977 年 2 月，持续三天。10 厘米土层平均冻结日期 12 月 14 日，最晚 1 月 6 日；解冻日期 3 月 6 日，最早 2 月 13 日，最晚 3 月 23 日；30 厘米土层冻结日期 1 月 8 日，最早 12 月 21 日，最晚 2 月 4 日；解冻日期平均 2 月 28 日，最早 1 月 21 日，最晚 3 月 23 日。

降水量 多年平均降水量为566.4毫米。1—12月各月平均降水量是：3.0毫米、5.3毫米、8.7毫米、21.2毫米、31.4毫米、69.4毫米、189.5毫米、158.5毫米、44.4毫米、20.7毫米、10.0毫米、4.3毫米。历年最大降水量1093.3毫米，出现在1977年；最小降水量270.4毫米，出现在1968年。

村域降雪一般从12月5日至翌年3月23日。最早初雪日在1960年10月25日，最晚初雪日在1978年1月28日。最早终雪日在1968年1月20日，最晚终雪日在1965年4月27日，多年平均降雪日8.3天，最多年降雪日出现在1971—1972年，为18天；最少年降雪日只有两天，出现在1962—1963年和1973—1974年。积雪平均从12月15日到翌年3月2日，年平均积雪日13天，最多年积雪日32天出现在1978—1979年；最少年积雪日2天，出现在1973—1974年。积雪深度一般都在10厘米以下，个别年份遇有强大暖湿气流过境时也会偶降大雪，最大积雪深度为22厘米，出现在1971年3月2日。

相对湿度 村域多年平均相对湿度为64%，1—12月各月平均相对湿度分别是：55%、56%、55%、52%、57%、65%、79%、80%、72%、68%、64%、59%。一年中相对湿度最大值为80%，出现在8月；最小值为52%，出现在4月。这是因为夏季在暖湿热带海洋气团控制下，云雨天气多，空气中水汽压经常处于饱和状态，绝对湿度和相对湿度都较大；而春季在干燥的变性极地大陆气团笼罩下，多风少雨，蒸发旺盛，空气干燥，绝对湿度和相对湿度都很小。

日照与太阳辐射 村域多年平均实际日照时数为2749.3小时，1—12月各月平均日照时数分别为：196.2小时、191.5小时、235小时、249.5小时、292小时、275.3小时、232小时、234.4小时、246小时、227.4小时、188.4小时、180.6小时。实际日照时数随季节变化而不同，一年中，以春季日照时数最多。春末夏初的5月、6月达到鼎盛时期，月平均日照时数为292.1小时和275.3小时；进入7月、8月，雨季来到，日照时数明显减少，分别下降为232.1小时和234.4小时；9月份又略有增加；12月份是全年最小值，为180.6小时。太阳辐射是域内地表获得光热能的主要源泉，因受气候条件的影响，全域实际得到的总辐射量为127.4千卡/平方厘米·年。太阳辐射因受昼夜长短、太阳高度角和云雨等季节变化的影响，有明显的季节差异，以5月、6月最强，分别为16.5千卡/平方厘米·月和15.4千卡/平方厘米·月；以冬季12月份最弱，仅为5.8千卡/平方厘米·月。

物候

立春（2 月 4—5 日） 气温明显回升，天气逐渐变暖，白昼渐长，土地逐渐解冻。

雨水（2 月 19—20 日） 严寒基本解除，土地逐渐反墒，蒸发量增大。柳枝泛绿，始有大雁回归，可播种春小麦和大麦。农谚曰："七九河开河不开，八九雁来雁必来。"

惊蛰（3 月 5—6 日） 土壤开化加快，河流解冻。冬眠中的虫、蛇开始复苏，即所谓："二月二，龙抬头。"

春分（3 月 21—22 日） 昼夜等长。其后，白昼渐长。蒸发量增大，土壤失墒加快。芦苇等萌发，柳叶展绿，家燕、蛇等时可见。

清明（4 月 5—6 日） 气温回暖，田野泛绿，生长季节开始，可播种春玉米和高粱。

谷雨（4 月 20—21 日） 温度升高，降水量增加，偏南风较多，春播全面展开，谚云："谷雨前后，种瓜点豆。"

立夏（5 月 5—6 日） 气温迅速升高，干旱少雨，时有雷雨冰雹，小麦已拔节孕穗。

小满（5 月 21—22 日） 气温回升减慢，降雨量明显增多，亦有冰雹。

芒种（6 月 5—6 日） 麦类作物进入灌浆成熟阶段。气温升高，降水增加，且多雷雨、冰雹。

夏至（6 月 21—22 日） 日照时间最长的一天，气温高，为麦收抢种高峰时期，有"夏至十天麦场空"的农谚。

小暑（7 月 7—8 日） 气温高，湿度大，风小，天气闷热，降雨明显增多，进入汛期，多暴雨或阴雨连绵天。

大暑（7 月 23—24 日） 进入伏天，是一年气温最高时期，湿度大，降水量大，开始种菜，农谚曰："头伏萝卜二伏菜。"

立秋（8 月 7—8 日） 天气炎热高峰已过，气温有所下降，早晚凉爽，伏天终止。谚云："立秋寸草结籽。"

处暑（8 月 23—24 日） 暑气渐弱且逐渐消失，气温下降加快，降水减少，春播玉米、高粱近于成熟。

白露（9 月 8—9 日） 日暖夜凉，天气渐凉，秋高气爽，始种冬小麦。

秋分（9 月 23—24 日） 昼夜等长，其后白昼日短。气温明显下降，冷空气活动加强，为播种冬小麦时节。谚云："白露早，寒露迟，秋分种麦正当时。"

寒露（10 月 8—9 日） 气温继续降低，晚稻成熟收割，大雁南飞。

霜降（10 月 23—24 日） 天气渐冷，气温继续下降，植物生长期结束。时有冰冻降雪现象，始收秋菜。谚云："冬至见凌碴儿。"

立冬（11 月 7—8 日） 冬季开始，气温明显下降，土壤日融夜冻，降水由雨变雪或雨夹雪，柳叶落尽，地面植物进入休眠期。农谚曰："立冬出白菜，别让寒冻害。"

小雪（11 月 22—23 日） 多偏北风，风速加大，天气很冷。农谚有"小雪封地"之说。土壤稳定结冻，河水结冰。

大雪（12 月 7—8 日） 农谚曰："大雪封河。"河水结冰加厚，冻土加深。

冬至（12 月 22—23 日） 白昼时间最短，数九开始，多北风，天气寒冷。

小寒（1 月 5—6 日） 严寒季节已到，气温下降趋缓，降水甚少。

大寒（1 月 20—21 日） 北风多，风速大，滴水成冰，进入"三九"，是全年最冷时期。

自然资源

水资源 村域大气降水按 1958—1996 年年均降水量 566.4 毫米计算，折合每亩 420 立方米水量，年均降水总量为 126 万立方米，历年最大降水量 1093.3 毫米，折合降水总量为 328 万立方米，历年最小降水量为 270.4 毫米，折合降水总量为 81 万立方米。域内年平均径流深为 91 毫米，特丰水年份径流深 230 毫米；保证率 50% 的平水年，径流深 63 毫米；保证率 75% 的枯水年径流深为 27 毫米。域内地下水资源，主要来源于境内大气降水补给，其次是河渠渗透水。储存形式主要为第四细砂层孔隙水。域内第四系浅层（浅井井深小于 50 米）、深层（深井井深 150 ~ 683 米）均限定允许开采量。由于村域农用土地均被城市扩张吞噬，凌庄子村也逐渐融入都市中，域内生活及企业用水均来源于市政供水系统。

村域大气降水是最基本的水分资源。多年平均降水量为 566.4 毫米。降水高度集中于夏季，降水量 417.4 毫米，占全年降水量的 73.69%。雨季一般开始于 6 月 27 日，结束于 8 月 23 日，持续期两个月左右，雨季降水量平均在 400 ~ 500 毫米左右，占全年降水量的 70% 以上。

地热资源 凌庄子处于西青区王兰庄地热田。在地质构造上，地处太平洋板块和亚欧板块俯冲带西侧的沧县隆起上，具备形成地热田的良好条件。按形成机制，属于传导成因热水型地热田。按水文地质条件和水温可分为浅层低温孔隙热水、深层中温基岩岩溶裂隙热水两种类型。该地热田于 1988 年探明，属全国最大的中低温大型地热田，地热资源丰富、潜力大，开发利用前景广阔。

光能资源 村地理纬度决定域内天文日照时数从冬至的 9 小时 25 分增加到夏至的 14 小时 56 分。由于受阴雨、云雾等天气变化的影响，区气象站观测实际日照时数为 2810.4 小时，太阳高度角在夏至时可达 75° 22'，冬至时也有 27° 28'。较大的太阳高度角和较长的日照时数，使域内的太阳总辐射值达 127.4 千卡 / 平方厘米 · 年，作物生长期的光合有效辐射值达 62.4 千卡 / 平方厘米 · 年。这对提高粮食、蔬菜及水果的产量及品质具有重要意义。据气象资料记载，多年平均日照时数为 2749.3 小时，平均日照百分率为 62%。日平均气温稳定≥ 0℃期间，日照总量 2179.3 小时，占年总量的 79% ；日平均气温稳定≥ 10℃，期间日照总量为 1672.8 小时，占年总量的 60%。日照时数各月各季均不相同，分布不均。11 月至下年 2 月，各月日照总量 <204 小时，平均每日 6.0 ~ 7.1 小时。3—10 月各月日照总量 >230 小时，平均每日 7.4 ~ 9.8 小时，其中 4—6 月日照最多，平均每天 8.3 ~ 9.8 小时。7—8 月日照仅次于 4—6 月，平均每天 7.5 ~ 7.8 小时。9—10 月平均每天 8.3 ~ 7.9 小时，日照增多。太阳总辐射量为 127.24 千卡 / 平方厘米 · 年。日平均气温稳定通过 0℃期间太阳总辐射量 107.5 千卡 / 平方厘米，占年总辐射量的 84.5% ；日平均气温稳定通过 10℃期间的太阳总辐射量 85.3 千卡 / 平方厘米，占年总辐射量的 67%。其中 4—6 月，光照最强，月总太阳辐射量 13.6 千卡 / 平方厘米 ；7—9 月，月总太阳辐射量 12.27 千卡 / 平方厘米至 11.2 千卡 / 平方厘米。全年以 5 月份太阳辐射最强为 16.5 千卡 / 平方厘米，以 12 月份太阳辐射最弱为 5.7 千卡 / 平方厘米。生理辐射总量为 62.8 千卡 / 平方厘米 · 年。域内年太阳生理辐射只占全年太阳总辐射的 49.4%。

土地资源 由于村庄建在洼碱地带，可耕地很少，人们为了生存不断开荒造地，已持续数百年。

1949 年，村里有耕地 400 多亩。1951 年始，开垦荒地速度加快，多时每年新增耕地近百亩。至 1991 年，村域内有鱼坑 1763 亩，园田 300 亩，稻田 350 亩，苇地 18 亩，村民住宅占地 500 多亩，企业占地 154 亩，共有土地 3085 亩。村域内土地分为 7 大块：村东为“1 号房”（村地名，下同），村南为“2 号房”，村西为“3 号房”，村西桥对面为“4 号房”，天津老自来水厂一带为“5 号房”“6 号房”，凌奥集团公司坐落地为“7 号房”，老窑地北边为“8 号房”。自 2001 年起，随着国家征地速度加快，村中土地逐渐减少。2006 年，村集体购置泰达化工开发区工业用地 36 亩，作为村属土地储备。

至 2016 年，国家征用凌庄子土地累计 2662.83 亩，加之村内开发建设，村域内空置土地只剩 6 宗 129.6 亩（含国家占用的预留地）。

动物植物

60 年代前，村域动植物品种众多。70 年代后，随着环境条件改变，村中动植物大量减少，一些动物已绝迹，植物随着土地和村域面积的减少，传统植物大为减少，甚至灭绝。村域曾广泛存在过的动植物有：

动物 黄鼬（黄鼠狼）、刺猬、野兔、家兔、家鼠、田鼠；青蛙、蟾蜍；蛇、壁虎、甲鱼；喜鹊、乌鸦、雁、燕子、麻雀（俗称“家雀儿”）、草鱼、鲢鱼、鲤鱼、鲫鱼、白鲳、泥鳅、乌鱼（又称“黑鱼”）、嘎鱼；蚯蚓、蚂蟥、河蚌、蜗牛、田螺、蜈蚣、蜘蛛、蜻蜓、蚊子、瓢虫、蝉（俗称“知了”）、水蝎子、虾、蟹、蝴蝶、螳螂（俗称“刀螂”）、蝈蝈、萤火虫、蟋蟀、蜜蜂、马蜂、苍蝇、蚂蚁、灯蛾、蝼蛄（俗称“拉拉蛄”）、磕头虫、七星瓢虫、菜青虫、玉米钻心虫、蝗虫、湖虫、跳蚤、蚜虫等。

植物 除粮食、豆类、油料、瓜果、花卉、树木和其他经济作物外，村域还有一些草本植物，主要有：独针菜（俗称“芝麻盐”）、苜蓿、大麻子、野菊、蒺藜（俗称“蒺藜狗子”）、苣菜（俗称“曲儿菜”）、苍子、马齿苋（俗称“长寿菜”）、秃喇叭花、喇喇蔓子、画眉草（俗称“星星草”）、鸡爪子草、芦苇、蒲草、碱蓬（也称“黄蓿”）、酸模（俗称“酸溜溜”）、马绊草、水绵（俗称“地皮”）、莎草（俗称“三棱草”）、马蔺（俗称“马莲”）、死不了、荭草（“水蓬棵”）、野生菜、眼子菜（也称“水上瀑”）等。

附 2：自然灾害

域内属于暖温带季风气候区，受季风影响，降水年季节分配及年际分配很不均匀，降水高度集中夏季，且多暴雨或大暴雨，因此，干旱和雨涝灾害频仍，是村域的最主要灾害。据《天津市近 500 年旱涝气象气候分析》记载：在 1470—1985 年的 516 年中，凌庄子一带陷入雨涝年有 181 年，占 35.08%；旱年有 133 年，占 25.78%；正常年 202 年，占 39.14%，旱涝年的总和多于正常年。旱、涝和正常年的发生还有明显的连续性，最长连涝 11 年（1881—1891 年），最长连旱 7 年（1636—1642 年），正常年最长连续 6 年（1495—1500 年、1824—1829 年、1914—1919 年）。其他灾害虽偶尔发生，也曾危害村中农业生产和村民生活。

旱灾

据气象部门统计，从明成化六年（1470）至1995年，凌庄子一带有150个旱年，平均5年左右一次，发生季节一般为3—5月份。有具体记载的旱年有：

明崇祯十三年至十四年（1640—1641）连旱，“春旱，人相食，尸骸遍野”。

清乾隆八年（1743）夏，“大旱酷热，土石皆焦，人多热死”。

清同治六年（1867），“大旱，赤地千里”。

1941—1942年，连年春旱，农作物无法播种。

1972年春，大旱罕见，河水干涸，稻身可燃，河中挖河，井里掘井，收成大减。

1989年，大旱，全年降水量不足300毫米。

另据西青区气象站1958—1980年近23年的统计资料，凌庄子一带出现7个旱年，旱年频率30.4%；春夏连旱频率39.1%，夏秋连旱频率8.7%。

水灾

据气象部门统计，明永乐二年（1404）至1995年，村域附近有记载的水灾共发生75次，一般发生在7月下旬至8月中旬。有具体记载的有：

明万历二十年（1592），南运河决堤，境内皆为洪流，平地成川，农田化为湖泊。

明万历三十二年（1604），连续两个月降水不止，平地积水深3米，有村民饿死。

明天启六年（1626），“众水交聚，河流内潦，四壁一容，真成泽国”。

清顺治十年至十一年（1653—1654），大水，农田行舟，积水深达2米以上。

清雍正三年（1725），积水深1米以上，“薪尽苫为炊”。

清乾隆元年（1736），降雨持续40余日，积水深3米，村落、农田均被淹，汪洋一片。

清道光二十七年（1847），大雨数日，田野水溢，田园皆被淹。

1927年，农田被淹。

1928年，受灾严重，8月来水，水深3米，齐村土台，积水达半年之久。

1939年7月，由于连降暴雨，降雨量1237.2毫米，大清河、子牙河、南运河水势汹涌。日伪军队为破坏敌后抗日民主政权，将大清河、子牙河、滹沱河堤扒开，决口 182 处。村庄全部陷入汪洋，村内房屋大部倒塌，灾民四处逃难。

1949 年，大雨连绵，河水暴涨，农田遭淹，房屋倒塌时有发生。

1977 年，暴雨连降数日，农田减产三成左右。

1990 年 7 月，狂风暴雨袭击境内，村内受损严重。

2003 年秋季，凌庄子一带遭遇一场 50 年未遇的大雨，村域内连续三天降雨不停，农作物受灾严重，村内街区积水。

2005 年 7 月，凌庄子村一带连下两场大雨，自来水厂门前道路积水深达 50 厘米，给出行造成很大困难。

另据西青区气象站 1958—1980 年的统计资料，23 年间凌庄子一带出现 5 个涝年，涝年频率 21.7%；11 个正常年，正常年频率为 47.8%，夏秋连涝频率 4.3%。

雹灾

1969 年夏，凌庄子村先后遭受 4 场雹灾袭击，农作物受灾 200 余亩。其中一号房、三号房等地块受灾严重。受雹灾影响，当年秋季农作物减产 7.5 万千克左右。其他年份无记载。

大雪

2009 年年初，凌庄子村一带连降两场大雪，老年公寓、居民小区等道路积雪严重。

2010 年 1 月 1 日，凌庄子村一带普降大雪，老年公寓、居民小区和园区集团办公地段路面积雪严重。

地震

自史料记载，从西晋元康四年（294）至 1996 年，村域一带发生 5 级以上地震 18 次，3 ~ 5 级地震 89 次，震中均较远，村中多为有震感或受轻微波及。清光绪二十六年（1900）前 6 级以上地震 6 次，其中 7.5 级以上 2 次，以康熙十八年（1679)9 月 2 日三河、平谷大地震对村影响最大。

1969 年 7 月 18 日，渤海湾发生 7.4 级地震，村内有震感。

1976 年 7 月 28 日，唐山、丰南地区发生 7.8 级强烈地震，村庄受到波及，破损房屋数十间。

1976 年 11 月 15 日，宁河发生 6.9 级地震，波及村庄，部分房屋损坏。

人口

人口总量 清道光年间（1821—1850），凌家庄和凌家口、贾家台共 76 户、314 人。1934 年，85 户、438 人；1949 年，105 户、607 人；1953 年，145 户、807 人；1964 年，266 户、1397 人；1980 年，416 户、1810 人；1990 年，706 户、2482 人；1995 年，932 户、2638 人；2016 年，全村 1210 户、3232 人。

性别构成 1949 年，男性占村内总人口 55.96%，女性占 44.04%；1964 年，男性占总人口 58.42%，女性占 41.58%；1982 年，男性占总人口的 51.64%，女性占 48.36%；1995 年，男性占总人口 49.1%，女性占 50.9%。2016 年，村中人口男 1382 人，女 1850 人，女性明显多于男性。

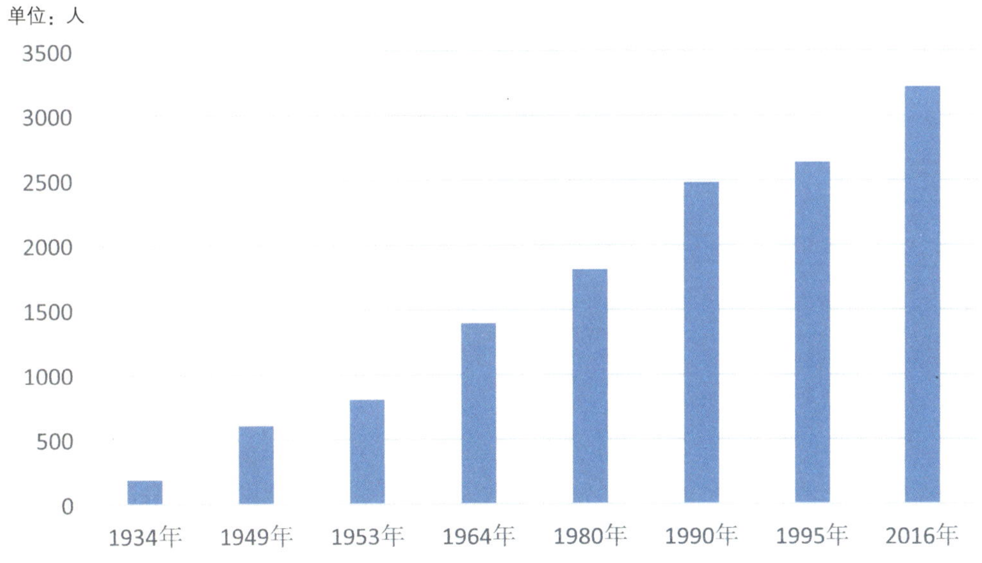

1934—2016 年部分年份人口总量变化图

年龄构成 2010 年全国第六次人口普查时，村内人口平均寿命 80 岁。其中 0 ～ 14 岁 475 人，占总人口 14.7%；15 ～ 59 岁 2152 人，占总人口 66.58%；60 岁以上 342 人，占总人口 10.58%；人口平均年龄为 35 岁，年龄中位数 35 岁。

文化构成 1964 年全国第二次人口普查时，村内大学文化程度的占总人口的 0.4%，高中文化程度的占 1.7%，初中文化程度的占 10.8%，小学文化程度的占 64.6%，文盲、半文盲占总人口的 22.5%。1995 年，村内大学文化程度的占总人口的 3%，高中文化程度的占 14.4%，初中文化程度的占 46.4%，小学文化程度的占 24.7%，文盲、半文盲占总人口的 11.5%。2016 年，全村 12 岁以上人口中，大专以上文化程度 523 人，占总人口 16.1%；中专文化程度 982 人，占总人口 30%；高中文化程度 870 人，占总人口 26.9%；初中文化程度 227 人，占总人口 7%；小学文化程度 252 人，占总人口 7.7%；12 岁以上的文盲、半文盲人口 139 人，占总人口的 4.3%。

在业情况 2016 年，村民有 80 多人在凌奥集团上班外，其他均在凌奥创意产业园和周边自主创业。

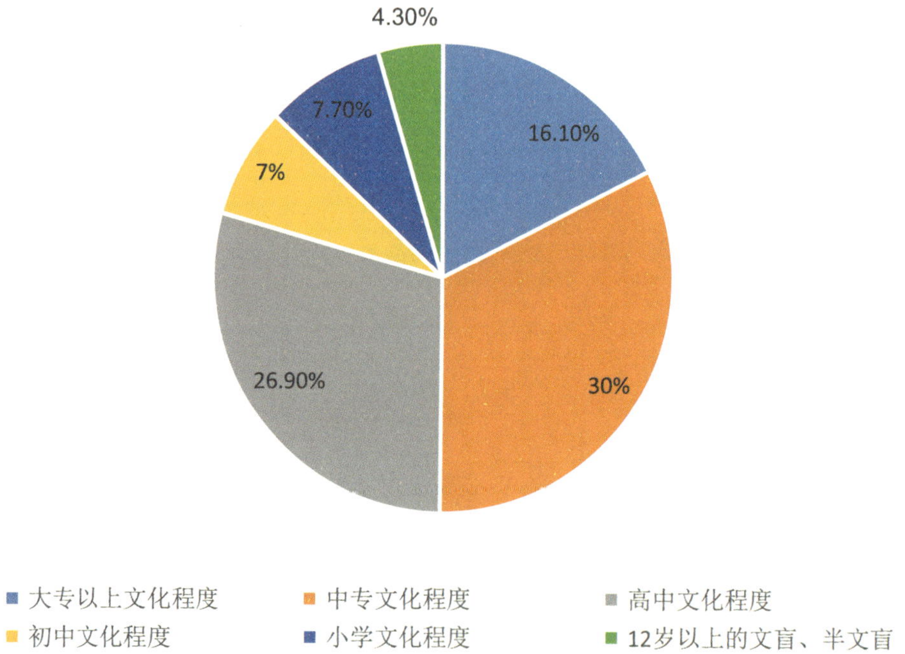

2016 年凌庄子村人口文化构成图

民族构成 至 70 年代，村民多为汉族。少数出外上学工作的人员，有与其他民族异性结婚者。改革开放后，有少数民族女性嫁入村中，使村中出现多个少数民族。2016 年，村中有维吾尔族、满族、朝鲜族各 1 人，约占总人口的 1‰。

人口迁移 新中国成立前，逢灾年村中总有多人因贫穷去外地逃荒，其中以去东北三省最多，最远者至齐齐哈尔以北。多数村民于灾患后举家返回，有小部分不复返乡。

村户籍网（2016年）

抗日战争后期，村中部分灾民在东北加入抗日武装。解放战争时期，又有部分难民加入中国人民解放军。新中国成立后，部分参军入伍的村民返回故乡，多数落居在外。

村庄富裕后，人口流入较多，主要是因婚姻迁入，其中多有男性人口与村女性结婚后迁入，成为本村户籍。

2010 年，村中制定户口管理规定，并实现网上管理。至 2016 年，迁入 105 人，均为新婚嫁入；迁出 52 人，其中婚姻迁出 49 人，考公务员迁出 2 人，上学迁出 1 人。

口述 1：解放前村民去东北逃荒

解放前，凌庄子的人口一直是不固定的，原因就是贫穷，生产生活条件差。特别是灾荒之年，很多凌庄子人都去东北逃荒。大家成群结队地一路乞讨，一直走出关外、走过沈阳、走到齐齐哈尔以北地区。到那里捡拾地里遗落的土豆等粮食维持生活。因为那时候的贫苦村民几乎没有任何家产，每户两三间土坯房，一团稀烂的铺盖卷儿，用不着关门就可以放心大胆地出门。饥荒过后，有些家庭索性留在那里或给人家当长工，或是让孩子学得一门谋生的手艺。不过，多数逃荒者终究还会返回老家，因为天津人最大的特点就是恋土。

许国章（85 岁）

◉ 姓氏

村民姓氏 2016 年，村内姓氏有 150 个。其中，赵、刘、张、王、李、许、孙各姓氏人口均在百人以上。其中赵姓人数最多，814 人，占全村总人口的 25.19%；刘姓居第二，有 314 人，占总人口的 9.72%；张姓第三，有 306 人，占总人口的 9.5%。30 ～ 70 人的姓氏有 131 个，分别为：郭、杨、马、胡、陈、高、庄、韩、石、苑、凌、苏，30 人以下有于、冯、林、程、周、薛、毛、董、魏、贾、翟、徐、吴、宋、郝、杜、朱、郑、武、倪、黄、曹、唐、侯、田、路、何、史、屈、孟、陆、方、闫、谢、秦、潘、毕、尹、任、齐、牛、付、丁、沈、吕、柳、敬、广、范、叶、邢、尚、乔、皮、梁、孔、金、蒋、霍、扈、贺、边、臧、岳、姚、阎、肖、项、隋、施、祁、宁、鲁、廉、段、邓、善、崔、薄、白、左、钟、只、支、詹、袁、伊、严、辛、夏、母、文、韦、万、佟、时、盛、申、邵、商、强、彭、庞、聂、么、骆、娄、冷、郎、康、靳、焦、姜、简、花、衡、桂、关、顾、勾、宫、耿、葛、费、多、褚、柴、布、卞、安、阿伊诺儿。

部分姓氏渊源

凌姓 有源于姬姓、源于官位、源于鲜卑等多种说法。据《通志·氏族略·以官为氏》所载，凌姓是姬姓后裔，始祖为文王第九子康叔。进入 21 世纪，天津市范围内仅

2016 年凌庄子村 30 人以上姓氏统计表

表 1

姓氏	人数	百分比 %	姓氏	人数	百分比 %
赵	814	25.19	胡	56	1.70
刘	314	9.72	陈	53	1.60
张	306	9.5	高	45	1.40
王	267	8.3	庄	45	1.40
李	127	3.9	韩	32	1.00
许	112	3.5	石	32	1.00
孙	101	3.1	苑	31	0.96
郭	70	2.2	凌	30	0.93
杨	65	2.0	苏	30	0.93
马	56	1.7	—	—	—

西青区李七庄街凌庄子、凌口子村民有凌姓人。无记载凌庄子凌姓确切渊源。据传凌庄子凌姓源于燕王部下凌氏。2016 年，凌庄子凌姓村民 30 人，占全村总人口 0.93%。

赵姓 村中最大姓氏。据传明嘉靖年间（1522—1566），赵座龙、赵座虎两兄弟从山东惠民县十字庙迁至天津凌庄子。赵家辈数排字为：座、希、国、承、士、元（连）、宝（凤）、光（鸿）、万（春），至今 9 辈。

附 3：凌赵二姓由来 ①

小时常听老人讲，凌家跟着燕王来。此处地平水草丰，建村适住屯田开，
因此村名凌家庄，其他客姓陆续来。谁知凌姓后裔少，直至解放才四家。
客姓赵家山东来，惠民石庙是老家，贩布生意是哥仨，一去东北留哥俩。
赵家祖坟双立祖，座龙座虎赵家祖。传到光字是八代，座彪东北音信无。
据说凌村是认户 ②，认户富家来此住。若论凌姓居住点，实是中心他姓辅。
凌村发展如他姓，凌庄难有多姓户。

文教体卫设施

幼儿园 1972年，村中在原小学校办起幼儿园。80年代后，村里办有家庭式幼儿园，多数家庭把幼儿送入幼儿园。

小学 清光绪二十一年（1895），凌庄子开办私塾，入塾学童少则几人，多则十几人。教学内容多为《百家姓》《三字经》《千字文》《弟子规》《名贤集》等。习字珠算为每天必课，念、写、背、讲为主要教学方法。至 1938 年，村民孙树元开办初级小学，学生 45 名。设有国语、算数、体育等课程，一直延续至 1947 年，改为天津市第十一区 33 街小学。时有一至四年级 4 个班，学生来自纪庄子、赵金庄等 6 个村，有 100 余名。1948 年年底凌庄子被国民党军占领，学校被迫停办。1949 年 1 月天津解放。天津市第十一区政府派教职工到校工作，学校更名为天津市第十一区第 10 小学，一至六年级六

---

① 作者：半农。
② 认户：旧指认卖的户头。

1973年，村幼儿园师生合影

1953年，村小学生在学校前留影

个班，学生 166 名，在王顶堤村设有分校。1950 年 8 月，村内建立夜校，开始对村民进行扫盲。1953 年划归津西郊区管辖后，村小学于 1954 年迁至李七庄村南，更名为西郊区第一中心小学，在凌庄子、王顶堤等 4 个村设分校。1968 年，小学下放到大队（村）办，凌庄子有小学一所。1972 年将凌庄子、李七庄、赵金庄 3 个村校合并，恢复李七庄小学。原校址改为幼儿园。自 90 年代中期，村内小学生转为水上小学学籍，属南开区教育局管理。2006 年 9 月，位于凌宾路水上小学仁爱校区建成并投入使用，村民迁入住宅小区后，按照市区教育部门划定的学区，村内适龄儿童在水上小学仁爱校区就读。至 2016 年，情况未变。

口述 2：教育的变化

早年，凌庄子在附近一带是最穷的，穷得甚至背着一袋子玉米棒子去相亲，年轻人更不敢奢望能上学、进城找工作了。即便到了解放初期，男孩子十二三岁不上学也很常见，而女孩们根本就别想做上学的梦，八九岁就要到地里去割草、拾麦秸，用以取暖、做饭、补贴家用。这种情况到农业合作化以后才得以改变，男孩女孩都开始上学。解放后，党和政府在农村开展扫盲运动，我们这些人才识些字，能够读书看报。全村人都有文化，那是后来普及义务教育之后了。现在的年轻人，差不多都是大专以上文化 。村里也给孩子们上学的鼓励政策，到哪个阶段给哪个阶段的补助，家长们也知道上学的重要，村里再没有失学的孩子。

许国章（85 岁）

村民学校 建于2013年，位于村委会6层大会议室，建筑面积1000平方米，投资50万元。主要用于对村民进行远程教育，学习党的路线、方针和政策，学习法治和科技知识，提高党员干部和群众对所学知识的吸收和应用能力。

文化健身活动中心 始建于2008年，2013年改造成为文化活动中心并投入使用。位于凌福郡庭小区，占地面积300平方米，建筑面积660平方米。中心内设有图书阅览室（图书、党报党刊等1500册）、棋牌室、乐器室、台球室、排练室、老年活动室等设施。

活动中心外景（2016年）

档案室 始建于2003年。后随着村委会办公地搬迁，档案室设在新办公楼5楼，面积增至300平方米。安装密集架20组，防磁柜2个，配备中央空调、防火、防盗、防鼠、防光等设施，购置计算机、打印机等硬件设施，安装档案管理专用软件。档案室所存最早文书档案自1963年始，会计档案自1982年始。2015年，通过天津市新农村建设档案工作考核验收，被市档案局命名为“天津市新农村建设档案管理村级示范档案室”。2016年，室藏档案4436卷，其中文书档案1301卷，会计档案1621卷，基建档案1514卷，光盘1076张，实物档案166件。

村档案室（2016年）

体育场地 1984年，村内建成灯光篮球场1个。2001年，村内拆迁，旧篮球场被毁。2015年，村内新建标准灯光篮球场1个；建标准五人制灯光足球场1个。在村文体中心分别设置乒乓球室、羽毛球室、台球室。5个村民居住小区分设健身场地和馆室10处，设有多种健身运动器材。

村健身房（2016年）

村“红医”在书写医案（1982年）

卫生所站

村卫生所　1950 年，村里成立卫生消毒站，负责村内环境及饮水的消毒工作。1962 年，村“红医站”成立，设在后瓦房，有 1 至 2 名“红医”（即“赤脚医生”）。1969 年，迁到村大礼堂的耳房，随后又迁址到村民兵连连部、“小庙”、大礼堂东侧三间新房。1983 年，村“红医站”改称村卫生所。2004 年，村民搬进住宅楼，在凌奥花园等小区设 2 个卫生室，建筑面积 200 平方米，负责村民基本医疗服务。至 2016 年，卫生室一直持续医疗职能。

凌奥社区卫生服务站　坐落在惠鑫花园旁底商。成立于 2012 年，建筑面积 240 平方米。主要负责附近小区居民的健康教育、预防保健、医疗康复等公共卫生和医疗服

社区卫生服务站药房（2016年）

务。有全科医生 1 人，中医师 1 人，全科护师 3 人。设有中医门诊和独立的康复区。至 2016 年，服务站持续发挥为村民医疗服务职能。

◉ 发展概况

建村六百多年来，凌庄子村庄和村民生产生活随着时代的演变，都发生了巨大变化。村庄规模越来越大，人口不断增加，生产力水平持续得到提高，生产资料由极度匮乏逐渐好转。新中国成立后，凌庄子人经过土地改革、互助合作直至人民公社化，集体经济得到稳定发展，人民生活水平不断提高。特别是改革开放后，在土地大幅缩减的情况下，走工业化、城市经济化路子，创建天津第一家创意产业园，成立凌奥集团，使村庄经济发展迅速腾飞，一跃成为天津市经济强村。村庄各方面建设也随着经济的发展不断提升，经过平房改造，村民全部入住楼房，享有多种福利待遇，过上城市居民生活。村中政治和精神文明建设都取得突出成绩，成为全国文明村、天津市法治建设先进村。村庄富裕和谐，文化体育活动丰富多彩，村民生活品质和幸福指数均达到和超过城市居民水平。

经济强村 历史上凌庄子以农耕和渔业为主，由于地少盐碱和捕鱼方式原始，农业、渔业产量都很低，人民生活水平极为低下，加上水旱灾害频繁，大灾年多靠逃荒要饭为生。后随着天津城市建设需要，村内烧砖和船运业一度十分兴盛，成为许多村民的谋生渠道，但大多数人收入微薄，生活依然十分困难。新中国成立后，农业生产条件得到改善，科技和机械化水平不断提高，村农业和副业收入有很大提高，解决穿衣吃饭温饱后，于七八十年代趋近小康。改革开放后，村中实行土地家庭联产承包制，村民开始多种经营，利用地域优势经商办企业和外出打工，收入有较大提高，但村中集体经济基础仍很薄弱。

村经济突飞猛进起于 21 世纪初，在新一届领导班子带领下，建立天津市首家创意产业园区和大型集团公司——凌奥集团。经过十多年努力，迅速形成以房地产开发为龙头、以房屋租赁为主导，广泛涉及商业运营、投资管理、物业管理、市场服务、文化交流的全方位架构，入驻企业发展到 570 家，先后获国家级科技企业孵化器、国家级创业园区、国家 AAA 级旅游景区等 10 项称号和认证。先后建成凌奥花园、凌福郡庭、海天国际和凌奥商城等多个重点大项目。村民的经济收入和就业都得到极大改善，全部搬入新建住宅楼，实现住宅环境城市化，凌庄子村也与市区完全融为一体。村民实现高收入、高福利，生活品质大幅提高。村上缴利税逐年增加，到 2016 年村集体年纳税 4292 万元，年利税 1.6 亿元，成为天津地区经济总量最大和纳税最多的村庄之一。

民主法治村 在经济快速发展的同时，村两委会高度重视政治建设和精神文明建设，持续探索创新村民自治的途径和方法，不断强化班子建设，加强民主法治建设，在实行民主选举、民主决策、民主监督、民主管理过程中，创建“以制度施政、用制度管人”“党员群众代表大会决策”等模式，不断完善村务公开管理体系，实现群众当家做主，使村中和谐稳定，各项事务得以协调开展。

党支部强化自身建设，制定出多项针对班子建设的制度，健全民主集中制和集体领导下的分工负责制，重大事项和重要决策都要召开支部扩大会议或全体党员群众代表大会来通报和决定。党务工作按照上级部署，在不同时期，落实党内“三会一课”制度、党员目标管理、“三强”支部创建和换届调整“两推一选”等规定，不断加强党员管理和班子建设。2004 年，改革用人机制，制定中层干部竞聘上岗制度，对干部队伍实行岗位责任制，层层签订责任书。2005 年，扎实推进“三级联创”工作，被街党委评为红旗党支部。2006—2008 年，开展保持共产党员先进性教育活动。2012 年，开展“创先争优”活动，被市委和西青区委授予“创先争优先进基层党组织”称号。2015 年，在班子成员中开展“三问三讲三争做”专题教育。2016 年，带领党员开展“两学一做”学习教育活动，采取讲党课、制课件、主题展览等多种形式，使党员组织观念、党性意识明显增强，干部作风进一步好转。

村委会在村务决策上充分发扬民主，重大事务均由村民代表参与。2003 年后，严格执行村务公开制度，坚持以公开栏、召开会议等形式每半年公布一次财务和重要村情村务。不断修改完善《村务公开制度》，严格按照规定的程序进行村务公开。2014 年，建立村务公开电子智能查询系统，扩大村务公开内容。2016 年，村务公开内容进一步扩大，涉及村干部考核、村民代表考核、财务收支、福利费发放、户口管理、村民档案、招商及园区管理等 17 项。公开交给村民一本“明白账”，使基层政务真正成为“阳光政务”。财务监督机构按照规定，对超过 50 元以上的每一笔支出都进行严格审核，堵塞漏洞，确保村中账务支出正当。

村团支部、妇代会、民兵等群众组织，在党支部和村委会领导下，在不同时期带领团体发奋进取，为村经济和各项事业建设做出突出贡献。调解委员会和白事理事会在促进村民家庭、邻里和谐和节俭办理丧葬事务中，都起到促进社会安定和形成节俭风气的重要作用。

幸福和谐村 进入21世纪后，随着集体经济的壮大，村两委会把更多改革开放的成果与百姓共享，建立共同富裕和谐幸福的区域社会。十几年间，村民的物质生活发生巨大变化。

2003年始，村民家庭收入大幅度增加，年收入逐渐赶上甚至超过市民平均值。主要收入来源从家庭经营为主，发展到主要以工资、退休金、财产性收入为主。2016年，村民人均纯收入近4万元，其中村内企业工资收入、村内发放退休金、待业费、各种补贴、财产性收入成为主要来源。人均平均储蓄超过5万元。村民支出由生活必要型支出向消费型支出转变。村民搬进住宅楼后，主要支出为家具、电器和生活用品，其中大宗为男子结婚和小轿车进入家庭。2016年，人均生活支出2万元，其中衣食住行支出占50%，文化教育、休闲娱乐、艺术欣赏、度假旅游以及享受服务性消费等精神消费逐渐增加，占消费总额的20%左右。

村民的保险和福利大幅增加，多项福利均由集团支付。村内实行福利分房和退休制度，每户享受待遇的村民都能分得一套以上福利住宅楼，达到退休年龄都能按月领到2000元以上退休金。各家各户都享有物业费，不同（高中以上）学龄段的学生都能得到数额递增的助学补助。待业者也能得到固定数额的自主创业补助。村中70岁以上老人享受更多优惠待遇，除了远高于其他人的年节钱物福利外，还有免费老年公寓供老人颐养天年，退休费、医疗报销比例最高。逢年节和生日，村干部都专门看望老人，送上节日祝福和生日祝福。优越的物质条件和各项生活保障，使老人不再依赖儿女物质上的赡养。

随着时代的进步和文明程度的提高，村内风俗发生较大变化，一些陈规陋俗多被摒弃，健康文明的生活方式已成为主流，科学、节俭、向善向上的社会新风尚正在形成。

村里百姓生活

美丽乡村建设

21世纪初，凌庄子被划入天津市区，村中进行平房改造，建设返迁楼对居民进行安置。随后，开始合作开发建设多处住宅楼，为村民建造现代化花园式住宅区。在村庄完全融入城市后，积极开展美丽乡村建设，继续加大投入，不断提升环境设施水平，整治村容村貌，总体环境优美，村民富足幸福。同时大力进行思想道德建设，提升人们的精神文明水准和生活品位，完善各种村规民约和制度建设，增强人际和谐关系，使人们在富足的经济生活和丰富的文化生活中，提升道德和文明境界，凌庄子村成为富庶和谐美丽的宜居村庄和天津市新农村建设的典范。

文明村创建

21世纪初，村民全部迁入美丽宜居的现代化住宅小区，为提高村民素质和生活品位，村两委会率领群众苦修“内功”，深入开展“文明城区创建”和“文明村镇创建”等一系列精神文明建设活动，使村民精神境界和文明程度大为提高，形成良好的社会风气和行为方式，使曾经的“乱村”成为“天津市文明村镇”和“全国文明村镇”。

“文明城区”创建 2003年，两委会把抓精神文明建设作为稳定社会秩序、提高村民整体素质、树立良好村风民风的有效途径，把“创建全国文明城区”纳入村庄发展总体规划，成立由党支部书记任组长，副书记任副组长，3名支委、村委组成的创建“全国文明城区”领导小组，根据全国文明城区的标准，制定《凌庄子村创建“全国文明城区”活动实施方案》。以“改善环境，实现村容整

凌庄子村获“全国文明村镇”称号

洁”“密切党群关系”“加强阵地建设”“实现村风文明”为目标，做到工作组织、制度、计划、活动、经费“五落实”。

在创建中，两委会通过自查和小区事务监督组巡访等手段，列出每年村内文明城区创建的“短板”问题，对清单进行逐一落实整改。结合住房改造、道路硬化、小区环境绿化美化，不断改善提升村域内环境。2009年，对凌奥花园、惠鑫花园和老年公寓小区内道路进行翻修，动工2580平方米；修砌损坏的下水井46个，种植草坪9985平方米，种植观赏果树56棵；对3个小区内损坏护栏加以修复和加固，增设2个小区限高架。2012年，投资600万元提升改造村域内下水管网。2014年，结合创建美丽村庄，投资960万元完成惠鑫花园路面、暖气管改造，种植各种树木800余棵，补种冬青4500棵；在村民集中居住区增建文化娱乐活动中心并配备各种体育器械；对管辖范围加强管理，派专人清理小区内小广告，派巡查人员对辖区进行巡查，控制烧垃圾、乱堆乱倒等现象。结合“创建全国卫生城区”工作，进行环境卫生清理，拆除违章建筑。建立物业公司，对居民小区加大管理力度，创造良好环境。

民兵进行垃圾清理（2015年）

党支部开展党员公开承诺、多项党员志愿者服务等活动，充分发挥党员队伍作用，使党员与村民的联系更紧密，不断提升村民素质，达到社会和谐，上下一心。建立完善《群众代表行为准则》《凌奥集团干部员工行为准则》《村民公约》等制度，树立“最美家庭”“好婆婆”“好儿媳”、先进模范等典型，对文明村民实行奖励，针对个别无理取闹、寻衅滋事的村民，按照规定停发其各项村民福利。采取开办村民学校、举办科学大讲堂、集团员工实行统一着装，规范化管理等方式，培育科学、文明、健康、向上的文明村风。组织开展群体性健身、娱乐活动，建立文化、健身活动中心、大型图书阅览室、舞蹈健身室、老年人棋牌娱乐活动室等。每年举办一次运动会，常年组织村民开展各种文体活动，相继制定5项村文化阵地建设制度，增加村民参与文明创建积极性，使文明创建工作常态化。

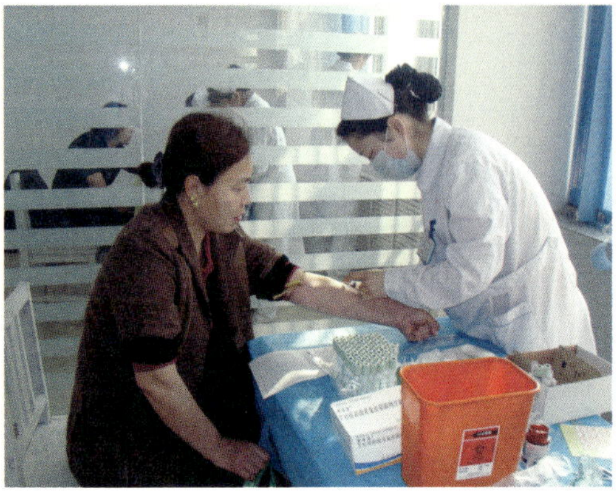
村民免费体检（一）（2014年）

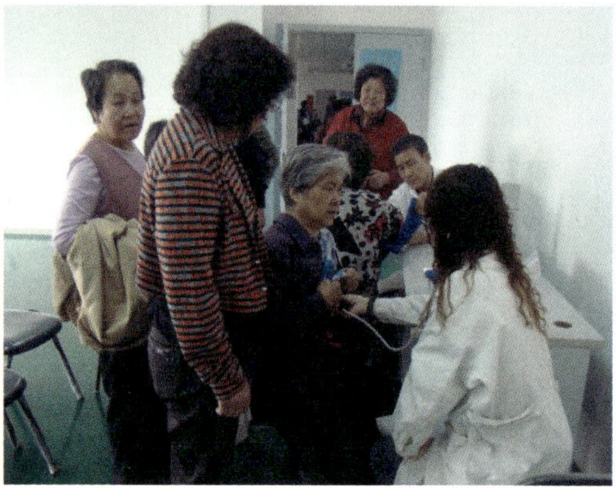
村民免费体检（二）（2014年）

随着村内经济的快速发展，不断将发展成果惠及村民，村民福利从一两项增加到十几项。坚持每年为退休老人及独生子女户育龄妇女免费体检一次。逐步加大对弱势群体的帮扶力度，帮助村中待业人员创业、就业。通过创建文明城区，使村庄内部环境得到改变，"脏乱差"局面得以扭转，村庄环境优美，村民道德文化水平提高，村中风清气正。2010年，凌庄子村达到"文明城区"标准。

"文明村镇"创建 在创建全国文明城区活动中，凌庄子村将文明村镇建设融为一体，把创建文明村镇纳入总体规划，始终坚持抓精神文明建设不放松。两委会把完善制度、规范管理作为维持和谐稳定的措施，每年都要根据实际情况，对原来各种管理制度进行立、改、废。加大执行、处罚力度，坚持以制度管人，确保事事有章可循，处处有规矩方圆。至2015年，编辑在册8大类、76项制度。为确保各项制度执行有力、落实到位，设立老党员、老同志、村民代表参加的"群众监督组"，对制度执行进行全面监督、定期考评。

村两委会还经常以宣传画、公开栏、党员群众代表联系户、微信平台、发挥青年妇女民兵等群众组织的作用，持续向村民宣传公民基本道德规范及做文明市民等内容，使村民自觉遵守文明守则。为进一步提升服务党员、村民机制，投资50余万元在村委会办公楼建立1000多平方米的党员活动室和村民学校，配有先进多媒体电教系统，高清投影仪、大屏幕、音响、电视、LED屏幕等。先后投入300多万元，建成800平方米文体活动中心、综合服务站、中心花园、宣传橱窗、技防网等。文体活动中心设有健身室、棋牌室、台球室、图书阅览室、乐器室、排练室等，引导村民形成科学、文明、健康的生活方式。村里成立各种文体团队，经常参加市、区、街组织的展演和比赛，定期组织村民开展计算机使用与维护、营养配餐等技能培训。

2013年，计算机培训活动

自2013年起，村妇代会每年对村外嫁到本村两年以内的新媳妇进行培训，教育新媳妇如何做个好女儿、好妻子、好母亲。为了移风易俗，成立白事理事会，严禁大吃大喝、铺张浪费现象，对按规定丧事从简的丧主家庭奖励2000元。加强未成年人的教育工作，村团支部干部积极和青少年交朋友，加强与毕业学生的交流与互动，组织团员、青年开展参观学习、竞赛演讲、文体活动、义务劳动、植树造林等形式多样的活动。组织团员参加党支部每月16日晚的青年党员培训。定期组织开展志愿者活动，以“奉献、友爱、互助、进步”为工作中心、以志愿服务为主要形式，根据志愿者的自身特点、优势特长以及个人意愿，成立创新发展服务队、社区事务服务队、治安巡逻服务队、文化活动服务队、矛盾调解服务队、宣传教育服务队等。每个队伍都由领导班子成员亲自担任队长，循序渐进地拓展志愿者活动的服务领域，使思想建设常态化。

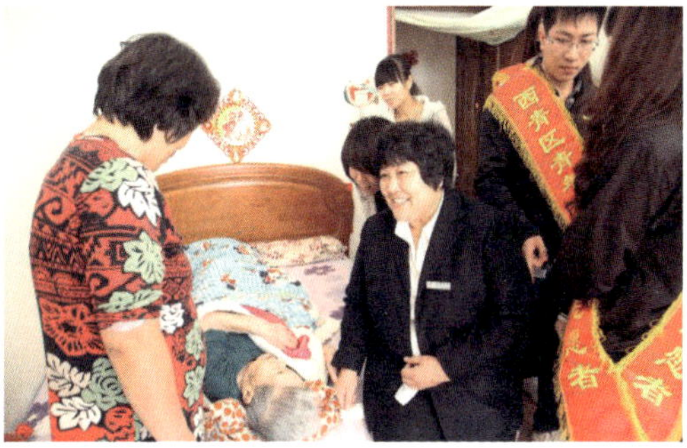
青年志愿者活动（2013年）

2014年，实施“四清一绿”工程。重新修建惠鑫花园、凌奥花园两个小区的出入门口；组织凌福郡庭小区村民对私自安装的防盗门、纱门及堆积物自行拆除清理后，组织150余名集团后勤工作人员，集中对凌福郡庭小区的脏乱环境进行全面拆除清理工作，清除杂物20余车。是年，被评为“天津市文明村镇”。

2015年，凌庄子村被中央精神文明建设指导委员会命名为“全国文明村镇”。

2016年，在村中开展“经济突出贡献、美德家风、党建工作”等三大板块争先创评比活动。经过历时11个月的争创、推荐、评比，评选出优秀党小组2个，优秀党员11名，优秀团员1名，优秀村民代表5名；村级“五好家庭”2个、“好儿媳”3名、“好儿女”1名、“勤劳持家标兵”1名、“最美家庭”1个；爱岗敬业标兵2名，优秀员工6名，优秀中层干部5名，凌奥集团优秀部门4个，超额完成任务部门4个；突出贡献奖1个；获国家及市级荣誉4个。

清除垃圾（2014年）

清扫积雪（2014年）

链接：天津西青区凌庄子村：文明在何处　花开凌云端 ①

蓝天映衬之下，河流拥抱之中，昔日农村种种落后的景象早已成为历史。如今的天津市西青区凌庄子环境整洁，满目葱茏，风景如画；如今的凌庄子人昂首挺胸，大步前行，用全情的干劲儿延展出一幅充满生机活力的农村生活画卷。一个现代、文明、祥和的凌庄子村正翘首伫立在津沽大地之上。

家变美了，人们富了，不仅改变了凌庄子人的生活，更让生活在这片土地上的人们，思想深处发生巨大的转变。今年，中央精神文明建设指导委员会办公室授予李七庄街凌庄子村第四届全国文明村镇荣誉称号。

立足经济建设，打牢文明基础

凌庄子人深知，经济建设是文明创建的基础。早在2007年，凌庄子村成立了天津市首家创意产业园——凌奥创意产业园，园区以高端科技产业为主，总建筑面积45万平方米，拥有企业300余家。经过多年努力，凌庄子村现有固定资产近20亿元，2014年年底实现集体经济总收入14493.2万元，总收益10043.8万元，上缴各类税金2898万元。

在发展的同时，凌庄子村一直将提高村民生活质量作为工作重点，不断提高村民待遇。出台了包括春节慰问金、待业费、退休费、学生补贴、物业费、

① 作者：王学志，原载2015年6月8日《天津日报》。

养老保险、医疗保险等13项惠民政策，并逐年提高福利待遇。

推进思想建设，树立文明新风

经济富足、村民富裕，凌庄子村两委班子将提高村民素质提上了日程。为提高村民整体素质，从2012年起，村妇代会每年对嫁到本村两年以内的新媳妇进行培训，教育新媳妇如何做个好女儿、好妻子、好母亲，促进家庭和睦，构建和谐社会。

为了提倡移风易俗，村里成立了白事理事会，严禁出现大吃大喝、铺张浪费的现象，对于按规定丧事从简的丧主家庭可得到村里奖励2000元。定期组织开展志愿者活动，鼓励村民积极参与到精神文明建设活动中来。成立了创新发展服务队、社区事务服务队、治安巡逻服务队、文化活动服务队、矛盾调解服务队、宣传教育服务队，有力促进了全村的精神文明建设。

村景一角

小区一角

村里经常以宣传画或公开栏等形式，向村民宣传公民基本道德规范及做文明市民等内容，使村民自觉遵守文明守则。

多彩文体活动，丰富文明内涵

文明的传播需要阵地建设，文明的倡导需要多彩的活动。

村里先后投入二百多万元用于阵地建设，先后建起了村民学校、文体活动中心、综合服务站、中心花园、宣传橱窗、技防网等，充分发挥了阵地作用，使村民百姓在享受经济发展丰硕成果的同时，感受到精神文化的丰富多彩，为村里的文明发展、文化繁荣创造了条件。

为丰富村民业余文化生活，村里还设立了800余平方米的凌庄村文体活动中心，配有健身室、棋牌室、乒乓球室、台球室、图书阅览室、乐器室、排练室等，不断引导村民形成科学、文明、健康的生活方式。为了倡导广大村民积极参与到活动中来，村里还专门成立了各种文体团队。凌奥健身队多次在市区街组织的展演和比赛中获奖，先后被评为“西青区巾帼文明健身队”“西青区百支群文社团（艺术团队）”等荣誉称号。

十二年的历变，十二年的磨砺。如今的凌庄子村，生活富足，村风和谐、环境优美、文明祥和。这是一代代凌庄子人努力的结果。为了纪念这艰辛的奋斗历程，在村党支部的带领和村民的共同努力下，查档案、整资料、收集老照片，出版了《凌庄子记忆》一书，让大家对比以前的生活，告诫年轻人要珍惜现在的生活，并且更要努力奋斗，让村民们生活得更好。

文明村风建设

“热爱本职工作　发挥最大潜能”主题演讲比赛　2009年8月，凌奥集团结合西青区开展“实现三年倍增，造福西青人民”主题教育活动，举办“热爱本职工作，发挥最大潜能”主题演讲比赛，进一步激发全体党员、干部、员工爱岗敬业的工作热情，增强集体的凝聚力和战斗力，同时也为即将开展的学习实践科学发展观活动打下良好的思想基础。演讲比赛由凌奥集团各部门派出1名员工参加。为了使比赛更加具有公正性、民主性，从后勤工作人员中随机抽取两位大众评委，另8位评委由街、村、集团主要领导担任。比赛中，选手们紧扣主题，结合行业发展、部门工作和岗位实际，讲述自己在本职岗位中的认识和体会。演讲选手用质朴的语言和鲜活的内容，展现通过努力工作，使集团呈现出的新变化、新气象、新风貌。

“新西青、新城市、新女性”主题讲座　2012年6月8日，西青区妇联、李七庄街妇联在凌奥集团举办“新西青、新城市、新女性”主题讲座。凌奥集团后勤工作人员、村民及园区企业代表120人参加。讲座主要内容为“科学延缓衰老，平稳度过更年期，防控老年疾病”的知识。活动提高女性的健康保障意识，受到全体参会人员的好评。

“国学”讲座　2013年5月15日，凌奥集团特邀成功无限杂志社副主编王禹森教授

主题演讲颁奖（2009年）

国学讲座会场（2013年）

2015年，演讲家孙启到集团演讲

党支部为优胜者颁奖（2016年）

以“开启国学智慧　提升管理水平”为主题进行国学讲座，凌奥创意产业园区内近百家企业200余人听取讲座。王禹森以平实的语言，深入浅出地将深奥的国学经典化为人生的智慧，展现在众人的面前，赢得大家一致好评。

“连根，养根，孝行天下”演讲会　2015年9月28日，由李七庄街团委、妇联、工会主办，凌奥集团、华美康寿文化传媒公司协办，演讲家孙启主讲的“连根，养根，孝行天下”演讲会在凌奥集团大会议室举行。凌庄子党员和群众代表、凌奥集团优秀员工300人聆听了题为《传播孝文化 最美凌奥人》的演讲。一开场，孙启通过一个个真情的实例，结合自身的经历，讲述父爱、母爱的伟大，呼吁大家感恩父母，孙启的演讲感动全场，凌奥集团董事长赵光勋情不自禁上台分享，道出凌奥集团创业的艰辛和辛酸历程，接着，三十多人纷纷上台倾诉，表示一定要好好孝顺父母，好好工作，珍惜和父母在一起的日子。

应知应会知识竞赛　2016年7月，凌庄子村党支部庆“七一”暨党员“两学一做”应知应会知识竞赛在凌奥创意产业园举行。知识竞赛设置为4种题型：必答题、抢答题、互动题、风险题。主持人现场提问，各参赛小组积极回答，现场气氛热烈。经过激烈的角逐，党员“谁与争锋队”和团员“筑梦青年队”分别获得党员团队第一名和团员团队第一名；党员刘佳、团员刘丽竹分别获得党员优秀个人、团员优秀个人第一名。竞赛还分别产生党员优秀个人第3名，团员优秀个人第2名。产生党员、团员最佳配合团队各一个。村内160余名党员、团员、青年在现场观看比赛。

“梦回校园”主题白领联谊会　2016年9月，共青团西青区委、李七庄街团委、李七庄街工会、李七庄街妇联联合主办，天津凌奥创意产业园集团有限公司、天津市时代金缘科技发展有限公司承办的“梦回校园”主题白领联谊会在凌奥创意产业园举行。来自园区企业及社会的119名单身男女青年参与其中，通过朋友圈畅谈、才艺展示、双人

牵手成功的青年男女（2016年）

配合游戏等环节，使大家互相沟通，增加了解。联谊会气氛活跃，大部分青年人都结交到异性朋友。最终，有 6 对青年现场牵手成功。

新媳妇培训班　2013 年始，由村妇代会负责每年举办一期新媳妇培训班，对嫁入村内的新媳妇进行培训，创造更加和谐家庭，提升村民文明水平，带动全村精神文明建设。至 2016 年，已举办 3 次，收到良好效果。此一做法被称为“具有特色的文明创建活动”，受到上级表扬并推广。

2013 年 7 月，举办第一期新媳妇培训班。嫁入本村的新媳妇及其婆婆，村党支部、村委会、集团三套班子成员 70 余人参加培训。培训班上，通过观看短片《凌庄子记忆》，了解凌庄子村从乱到治，由一个有名的上访村、落后村，成为市级文明村镇和全国文明村镇的发展历程。培训内容还包括凌庄子村规章制度、计划生育政策法规、科学育儿、婚姻法等知识。通过学习凌庄子村的规章制度，聆听本村“区级好母亲”郭德霞的先进事迹，让新媳妇们向身边的榜样学习，争做遵规守纪的新村民。培训班还邀请区妇联主

新媳妇培训班（2015年）

任为新媳妇和家长们讲授“新天地、新角色、新女性”家庭教育课，使新媳妇们及时了解村情与村规，教育大家增素质、强能力、求幸福、谋发展，发扬“四自”精神，争做新西青、新城市中的新女性。培训后，新媳妇们进行笔试答卷，内容涉及村政管理制度、妇女的“四自”精神及参加学习培训的体会、感想等。

2014 年 7 月 9 日，嫁入村内 2 年以内的新媳妇和婆婆 50 余人接受培训。妇联负责人介绍村内各项规章制度，播放凌庄子村发展纪实片，组织参观村档案室。笔答知识考核试卷，让新媳妇全面了解村史、村情、村风，适应新环境，尽快融入凌庄子这个大家庭，为建设美好的家园做出自己的贡献。

2015 年 5 月 29 日，80 余人参加的新媳妇培训班举行。新媳妇和婆婆一起，参观凌奥创意产业园招商管理中心多功能综合型服务平台，村妇女组织负责人通过沙盘及 360 度全景演示，详细介绍集团所有物业实景、园区的建设发展、入驻企业数量和业态。通过智能化电子村务公开查询系统，使大家了解凌庄子村的基本情况、规章管理制度、党务、村务、财务公开和村民福利待遇等情况。随后，统一观看园区三维动画宣传片。

精神文明范例

天津市“最美家庭”林树田家庭 林树田夫妇结婚 30 多年来，从未吵过架拌过嘴，无论做什么事儿都是“夫唱妇随”，相互商量。他们夫妻都非常孝敬老人，凭着一份至纯的孝心和耐心，长年伺候年迈的母亲，还细心呵护每一位家庭成员，用心营造一个温暖、和谐、幸福的家庭。

林家是一个有 5 口人的家庭，琐事较多。结婚后，二人从没让老人为家务事操过心，夫妻俩更是相敬如宾，互爱互助，追求健康文明的生活方式。在生活中尊老爱幼，教子有方，尽心照顾 98 岁高龄的母亲，为全村孝敬老人做出榜样。林树田夫妻也将近 60 岁了，本应过着安逸闲适的退休生活，但为了照顾老人，他们放弃了很多享受生活的机会。女儿经常提出，要带他们出去旅游，让姑姑帮忙照看奶奶几天，但每次都被夫妻俩拒绝了。他们总是和女儿说：“姑姑年龄也不小了，家里也有很多事要忙，不能再给她添麻烦。照顾老人是我们应尽的义务和责任，再劳累奔波也是值得的。”两个人经常互相鼓劲儿，要给孩子们做个好榜样。由于老人年老体衰，大小便经常失禁，床单、裤子、被罩每天都要换几次，不管天气多冷多热，都要把老人换下来的衣服和被褥一遍又一遍地洗干净。给老人换洗衣服和被褥时，每次都需要把老人背到他们的卧室，等到清理干净，然后开窗通风，使屋里空气清新了，再把老人背回来。老人丧失自理能力后，生活起居都需要有人照顾，他们每天都让老人穿戴得干干净净，整整齐齐。夫妻二人轮流照看老人，他们怕老人寂寞，从不让老人一个人待在房间里，根据老人的情况，每天给老人变着花样精心制作可口的饭菜，为老人端茶送饭，每次都是亲自喂老人吃饭。他们还定时为老人洗澡、梳头、理发、捶背、剪指甲，精心伺候，从不厌烦。除了在生活起居上照顾外，每天还给老人讲讲村里的发展变化，讲讲孩子们的工作趣事，和老人谈谈心，经常把老人逗得哈哈大笑。在他们的照顾下，老人精神状态特别好，总保持一种快乐的心情，尽情享受天伦之乐。

“百善孝为先”“家有一老如有一宝”，这是林树田经常挂在嘴边的话。虽然林树田夫妇都是普通的村民，但很好地继承了尊老爱幼的传统美德，用行动给孩子们做出了榜样。一家人幸福和谐，也感染着全村人，受到大家的一致称赞，他们的事迹被人们传颂，成为村中孝老爱亲的典范。

2015 年，林树田家庭被评为天津市“最美家庭”。

西青区“最美家庭”——赵军家庭 赵军，1975 年 11 月出生，中共党员，凌奥集团收费部部长。妻子倪崇颖，通过竞聘担任集团办公室主任，后调任集团收费一部部长。10 多年来，夫妻俩夫唱妇随，相互帮助、相互扶持，爱岗敬业，孝敬父母，共同建立起一个和谐美满的家庭。在家庭生活中，他们始终坚持夫妻互敬互爱，尊老爱幼、勤俭节约、邻里互助。在工作中，他们认真负责、踏实肯干，勇于克服困难。在 2003 年

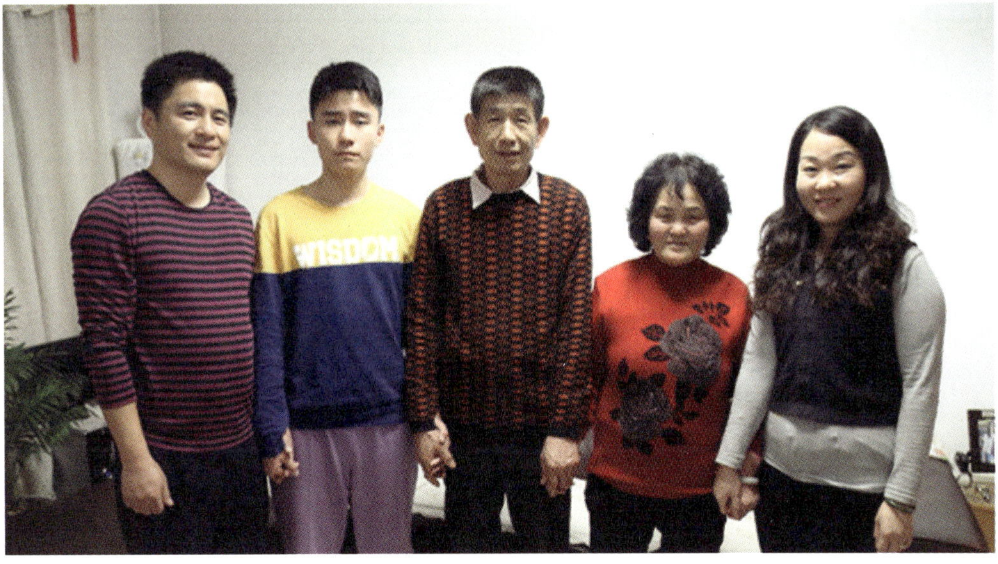

赵军家庭合影

村里首次开展竞聘中层干部时，赵军被聘为维修部部长。他带领部门员工克服各种困难，圆满完成凌奥创意产业园一期、二期的线路改造等诸多艰巨任务。他坚持不断创新，提高园区用户的服务质量。倪崇颖是一个善解人意的好妻子，对丈夫的工作和行为非常支持。一天晚上下起大雨，园区客户楼上漏水，雨水已渗到三楼。接到报修后，倪崇颖立即想到这位客户屋内都是电脑等电器设备，是绝对不能泡水的。她将这一情况告诉了赵军，赵军二话不说，拿起雨具和妻子一起冒雨赶到现场，先在四楼帮助清扫积水，然后又到三楼帮助客户及时移开电脑等一些电器设备。就这样，夫妻俩一直忙到天亮才回家，为客户挽回了财产及重要资料的损失。赵军和倪崇颖是相互帮助、相互扶持的好伴侣，他们俩谁也不服输，家里的事儿和单位的工作都是齐心协力共同完成。夫妻二人所带领的部门都曾获得凌奥集团优秀部门称号，赵军多次被评为凌奥集团优秀中层干部。在家里，二人是孝顺父母公婆的好儿子、好儿媳，经常抽时间带老人去旅游，和老人们谈心，为老人收拾房间。他们还培养出一个好儿子，在汶川地震时，儿子将平时积攒的零钱全部捐给灾区。2016 年 4 月，西青区文明办、妇联开展西青区“最美家庭”评选活动。经过组委会审核，赵军家庭在 50 余户提名家庭中脱颖而出，获西青区“最美家庭”称号。

天津市“最美家庭”——刘振云家庭 刘振云家庭是村中有名的温馨友爱大家庭。刘家有三兄弟和俩姐妹，虽各自成家，5 个小家庭团结友爱，互帮互助，一大家子和睦幸福。

大家庭的和谐，最大的功臣就是刘文陆、刘振云夫妇。刘振云自 1980 年嫁到刘家，36 年来，她默默地为了这个家任劳任怨做奉献。嫁进刘家时，正是家中最困难的时候，父母年老多病，弟弟妹妹还在上学，夫妇俩拼命工作挣钱补贴家里，自己舍不得买一件像样的衣服。作为长嫂，刘振云一直把照顾小叔、小姑视为己任。兄妹结婚，她都是尽最大努力帮助，不论是经济上，还是操办婚礼，无一不挂在心上。正因为刘文陆和刘振云夫妇的无私付出，几个小家庭拧成一股绳，互相团结友爱。

多年来刘振云与公婆、弟妹们和睦相处，所以家里每个人就算吃苦受累，也从不抱怨。不料，天有不测风云，老父亲得了肺癌，作为兄嫂二人四处筹钱给父亲治病，不分日夜守在病床前，喂水喂饭、端屎倒尿，不怕脏不怕累，所有人都为他们竖起大拇指。

父母去世后，夫妇俩更是担起了“父母”的责任，一直照顾关心兄弟姊妹。最小的弟弟发生意外，身体受伤、腿部骨折，长兄长嫂带头，分配布置任务，兄妹四人根据自

天津市“最美家庭”——刘振云夫妇（2017年）

己的时间轮流照顾小弟，直到小弟全部康复。一次次小小的磨难，更加深了家庭之间的亲情和睦，兄妹五家不论谁家遇到难事，总是相互帮助、相互理解、相互支持。

刘文陆刘振云夫妇作为村白事理事会成员，每当村内有老人故去，他们总是认真负责地为老人办丧事。当邻居有困难时，刘振云总是热心地提供帮助、解决难题。

在弟弟妹妹眼中，刘振云家庭是勤劳、肯干的好家庭；在父母眼中，刘振云一家是通情达理、孝敬老人的好家庭；在邻居眼中，刘振云一家是心存善良、乐于助人的好家庭。

2017 年，刘振云家庭被评为天津市“最美家庭”。

西青区“好母亲”——郭德霞　在凌庄子村，提到 1959 年出生的好媳妇、好母亲郭德霞，街坊邻居无不拍手称赞，赞其为人善良，知书达理；赞其家庭和谐幸福；赞其女儿事业有成，真是让旁人羡慕。她用言传身教，为两个女儿树立了好榜样。她注重每个细小方面，在一点一滴的积累中，使女儿们慢慢建立良好的行为和道德情操。她以身作则，用自己的行动来教育女儿，教导女儿如何做人，如何做一个善良正直的好人。在家里，孩子们从小就学会关心、照顾别人，姐妹之间互相团结、互相帮助、共同进步。正是因为郭德霞的细心呵护、深情厚爱，给予女儿们前进的动力和满满的

西青区“好母亲”颁奖（左五为郭德霞）

自信以及坚强的意志。她们的学习成绩始终名列前茅，多次获得奖学金，多次被评为三好学生。通过不懈的努力，各自走上满意的工作岗位，大女儿成为一名军官，二女儿成为一名检察官。

2013 年，在西青区“坚强母亲”“好母亲”评选活动中，郭德霞被评为西青区 10 名“好母亲”之一。

◉ 基础设施建设

村街道路

新中国成立时，村内及周边均是土路，因铁质车轱辘碾压，土路经常留有 1 米多深的车沟，被称为“冬天是路，夏天成河”。雨季去八里台，多用船作为交通工具，村民出行困难。六七十年代，多改为砂石路。1986—1987 年，域内有关企业、单位和 3 个邻村集资 58.5 万元，对凌庄子道、凌宾路等乡村公路进行整修，铺成沥青混凝土路面。1995 年，域内主要道路有红旗南路、凌宾路、凌庄子道共 3 条。沿村界道路有卫津南路、水上公园路、苍穹道。2002 年，村内主要道路有东西、南北向道路 2 条。2016 年，村周边主要道路有红旗南路、凌宾路、快速路凌西道、凌庄子道、地铁 5 号线。村民住宅小区主要沿街路有香霞路、瑶环路、四化河道等 10 余条。公交车站有凌庄子道站、凌奥创意产业园站、地铁 5 号线凌宾路站。

村侧公路（2016年）

凌庄子道 东起红旗南路，西至少年管教所，长 2.2 千米。

凌宾路 南起津涞路，北至水上公园东路。2013 年，凌宾路（快速路—凌奥综合市场）、遥环路、津涞道等按规划连通。凌宾路（凌奥综合市场—津涞道）断面较窄，形成交通瓶颈。村委会依据周边环境整体规划和便于周边村民出行，自筹资金在四化河和纪庄子污水河处设置两座桥涵，桥涵全长都为 25 米，消除瓶颈路段，使凌宾路与遥环路得以贯通。凌宾路打开凌庄子地区向南的出口，方便陈塘庄支线铁路南北两侧区域沟通，实现本区域道路交通系统的通达性。

地铁 5 号线 系天津市快速轨道交通网中的南北线，在凌庄子村界内设有凌宾路站。北起北辰区双街，南至西青区李七庄，线路总长 33.8 千米，贯穿北辰、河北、河东、河西、南开、西青 6 个区。

陈塘庄支线 北起天津西站，南至河西区陈塘庄，全长 26 千米，为国铁三级单线铁路，在李七庄站与地方铁路李港线接轨。主要承载功能为满足陈塘庄热电厂运煤需求、为天津港集疏运服务、部分企业运输。2014 年，新建的西南环线和南港铁路投入运营，李港铁路功能弱化。城市交通规划将其改造为城市轨道交通线路。

公交线路

1995 年，在凌庄子道“天塔温泉城”和宾水西道天津体育馆，分设有 16 路、8 路公共汽车终点站。2016 年，凌庄子道站是天津市交通网络重要站点之一，经过线路有 12 路、306 路、711 路、870 路、878 路、951 路、快速 1 路等 7 个公交线路。其中 12 路系宿纬路至动物园公交站往返路线，途经黄纬路、西北角、今晚报大厦、体育宾馆、凌庄子、动物园站等 30 个站点。

870 路 处于凌奥集团办公楼前的 870 路公交站点，系凌奥创意产业园—新中村公交站往返。途经空军医院、滨水桥、实验中学、鞍山道、百货大楼、48 中、何兴庄，有站点 46 个。

878 路 起始站蓝海公交车站，途经万达新城、东海花园、金刚桥、总医院、体院北、凌庄子道，到达终点站金谷园公交站，共 45 个站点。

951 路 起始站师范大学公交站（师范大学主校区），开往天津站（天津站 A3 站台），途经理工大学北门、凌庄子道、气象南里、体育馆、口腔医院，共 29 个站点。

711 路 系嘉陵南里公交站开往王村公交站，共 48 个站点。主要途经站点有理工大学、凌庄子（体育中心）、九十五中、梅江康城、大寺镇政府、龙泉道、峰山药王庙。

306 路 途经站点体育中心（凌庄子）、中石油桥、九十五中学、王姑娘庄，共 14 个站点。

快速 1 路 系从动物园公交站至丽苑公交站往返路线，途经凌庄子（体育中心）、太湖路、月牙河南路、天山北路，共 26 个站点。

另有 8 路、953 路、便民 1 路、9 路、津西 1 路、157 路等公交线路经过村民居住区。

2016 年，地铁 5 号线凌宾路站接近完工。

供电与给排水

供电 1951 年，村民集资办电，祖祖辈辈靠煤油灯照明的农民第一次用上电，系天津地区通电较早的农村之一。2016 年，村内设变压器 15 台，总容量 5570 千伏；有供电线路 3 条，可充分满足村中生产和生活需要。

给排水 1956 年以前，村土地庙东侧有 1 口饮水井（土井），俗称“东井”，水质既苦又涩，村民多年饮用此井水。1957 年，村里接通自来水，村东、村西各设 1 个水龙头，各户须用水桶挑到家中。1964 年，专为天津市凌庄子自来水厂供水的自来水河开通，村中用水始便利。1975 年，村内实现自来水入户，下水道同时开通。1994 年，村中建设一座排水泵站。2004 年始，村民搬进住宅小区后，村内给水及排水系统均与市政管网相通，自来水、下水道进居室，与城市居民无异。

平房改造前村街住房（2000年）

住房建设

平房改造 90年代末期，凌庄子村庄占地面积33.68万平方米，村民住房总面积4.2万平方米，多为砖木结构平房。21世纪初，凌庄子地域被划入天津市城区，平房改造势在必行。2002年1月9日，凌庄子村成立平房改造领导小组，制定下发《凌庄子村平房改造方案讨论稿》。村平房改造领导小组发出通知，要求各户村民在熟悉《凌庄子村平房改造方案讨论稿》的前提下，将自己住房实况以口头或书面的形式，到平房改造领导小组办公处办理核实登记手续。3月8日，村平房改造领导小组张贴布告，通知村民于2002年3月11日开始对村平房改造拆迁安置进行公证。同日，村平房改造领导小组发出《拆迁通知书》，明确村平房改造拆迁工作开始，将拆迁范围和奖励规定通知全村居民。村委会委托西青区房管局拆迁中心执行拆迁。是年，开始平房改造，村中绝大多数平房被拆除。

还迁房建设 2002年，村委会与天津市仁爱房地产开发有限公司合作开发建设凌庄子村民住宅“凌奥花园项目”，作为还迁居民住房。该项目坐落于凌庄子村庄原址，四至范围：东至电子18所，西至市规划地铁预留地，南至陈塘庄铁路支线，北至红旗路，总占地面积33.68万平方米。2004年村民还迁入住新居。

住宅小区建设

1999年，凌庄子村开始建设开发住宅楼。兴建凌奥花园、惠鑫花园、金禧园等住宅楼项目，2002 年平房改造之后，村民陆续入住凌奥花园还迁房等居民小区。2008 年后，又陆续兴建凌福郡庭等福利性住宅楼。

凌福郡庭　2008 年，鉴于平房改造后村民居住空间普遍较小，凌庄子村经过研究，决定建设凌福郡庭住宅小区，作为村民第二套福利分房的独资项目。该项目地址位于津涞公路南侧原氨凌制药厂一带，为高层公寓建设工程。预算项目总投资 4.5 亿元，规划地上建筑面积 12 万平方米，2011 年村民入住。

鑫奥老年公寓　2004 年，鑫奥老年公寓工程完成设计等前期准备工作，开始施工。项目地址位于津涞公路北侧、仁爱濠景庄园以南，总建筑面积 1.8 万平方米，总投资 2032 万元。

2006 年 10 月，鑫奥老年公寓全部工程竣工，28 日，凌庄子村 70 周岁以上老人搬进新居。

惠鑫花园小区　位于津涞公路南侧，南瑶环路东，两路交口处。始建于 1999 年，2000 年竣工。砖混结构，板楼，多层；绿化率 40%；容积率 1.50；占地面积 6682 平方

凌奥花园住宅小区（2016年）

凌福郡庭住宅小区

鑫奥老年公寓（2010年）

米，共 8 栋，建筑面积 4.26 万平方米，投资 3000 万元。

金禧园 位于红旗南路与水上公园西路交口。所属区域为南开区体育中心街。建筑结构为砖混，建筑类别系板楼、多层。建筑面积 7.13 万平方米，占地面积 5.28 万平方米。绿化率 22%，容积率 1.35。

配套设施 村民居住 5 个小区内的道路均为混凝土或沥青路面，并与城市公共交通路线相连接。小区绿化率平均 35% 以上。水、电、天然气、在线电视、电话、宽带网络、供暖、雨水处理、污水处理等管线均与市政公共服务设施相连；与之配套的幼儿园、小学校、卫生室、物业管理、商业与金融网点、健身场地、文体活动中心等设施，达到村民基本居住需求之上的生活需求。

2011年，《乡村大舞台》走进凌庄子村

村域经济

立村后，凌庄子村经历漫长的传统经济时期。新中国成立后，实行人民公社化，集体经济初步形成并向城郊型转化，二十世纪六七十年代，以围绕服务城市的蔬菜需求和渔业生产为主，出现越来越多的加工和生产型企业，逐渐超越农业成为集体经济的主体，人们生活水平得到较大提高，从温饱到接近实现小康。改革开放后，以家庭联产承包责任制为主的多种经济形式相继产生，集体经济得到迅速发展。由于村土地逐渐缩减，农业经济比重逐年减少直到退出。随着改革开放的深入，村工业企业快速膨胀，以凌奥集团为龙头的集体企业成为经济腾飞的强大引擎，村集体经济迅速驶入城市化、现代化、全覆盖和大发展的快车道，凌庄子经济总量、人民生活水平在天津农村均列前茅。

粮食生产

传统农作物

传统农作物多是本地品种，解放前亩产通常只有一百千克左右。

高粱 高粱是早期主要农作物之一，由于村域土地多水涝，适合高粱生长，因此长期被地主、耕农所种植。由于收获季节多雨水，高粱成熟后往往需涉水收获，村民将一个用油灰抹过的大笸箩拴上绳子系在腰间，手拿一把“找刀子”掐取高粱穗，等到秋后沥水退去再砍回高粱秆。本地高粱分为白高粱、红高粱和黏高粱三种，解放前种植品种主要是本地品种“大红散码”“大白散码”“瞎尾巴黏”等。解放后曾种植杂交品种“多穗高粱”，产量可达 100 千克，但口感差，种植较少。高粱曾是凌庄子一带村民的主食，贴饽饽、熬粥，也可用来制作淀粉。

玉米 玉米也是凌庄子村主要农作物之一，传统品种有“灯笼红”“小八趟”“金皇后”“白马牙”“黄马牙”等，产量一般在 50 千克以下。

小麦 小麦作物在凌庄子村播种较少，但冬小麦和春小麦都有播种。冬小麦品种有“小红芒”“秃头麦”等。春季播种大麦的年份较多，主要作为秋涝年景冬小麦播种误失农时的补救。大麦品种主要是本地品种“米大麦”，产量不超过 50 千克。

水稻 水稻种植始于明代后期江南水稻播种技术传入天津后，村域开始有人尝试水稻种植，至清代中期播种面积始多。起初，村民在水域边缘围堰作田，小片种稻食用。由于水稻播种不稳定，多数年份属零星种植。三四十年代，侵华日军曾在凌庄子一带圈地 700 亩，建“南海农场”种植水稻。解放前，村中水稻播种面积通常在 50 ～ 300 亩之间。选用品种有“银坊”“水源 300 粒”“蚌珠”等，产量高时可达 100 千克。

农作物种植情况 集体经济时期，主要农作物播种在区、社两级计划内进行。联产承包责任制实行后，农作物种植一般均由农户做主，乡和村只提指导性意见。

1964 年，村有耕地 905 亩，其中稻田 304 亩。1965 年，耕地面积略有增加，其中稻田种植面积 370 亩。1966 年，粮食播种 760 亩，亩产 385 千克，总产量 29 万千克。1968 年，秋粮总产量 28 万千克，其中稻谷总产量 27 万千克。1970 年，全年粮食总产量 43 万千克。夏粮总产量 4.56 万千克，其中小麦播种 8 亩、总产量 1050 千克；大麦播种 314 亩、总产量 4.45 万千克。秋粮总产量 38.73 万千克，其中稻谷总产量 37 万千克。1971 年，农作物播种面积 1395 亩。其中粮食播种 1088 亩，主要品种水稻、玉米、大豆，平均亩产 268 千克，总产量 29.23 万千克；棉花播种 11 亩，总产量 1055 千克。原有稻田 836 亩，新开稻田 54 亩。村集体将全部稻田分为一等、二等、三等地，对四个生产队分别下达包产任务，全村当年水稻包产任务总计 17 万千克。1972 年，实有耕地 1080 亩，其中园田 298 亩，稻田 782 亩；另有临时耕地 177 亩。粮食总产量 35 万千克，交售国家 4 万千克；秋粮总产量 29 万千克，其中稻谷产量 22 万千克。1973 年，秋粮总产量 24 万千克。1975 年，农作物播种面积 1821 亩，粮食总产量 29 万千克。蔬菜作物播种 434 亩。1976 年，农作物播种面积 1144 亩，粮食总产量 23 万千克。1977 年，农作物播种面积 1138 亩，粮食作物播种面积 440 亩，总产量 13 万千克。1980 年，粮食作物播种面积 397 亩，总产量 18 万千克，超额完成 17 万千克的年度粮食生产任务指标。1981 年，水稻播种面积 32 亩，总产量 9600 千克。是年，农业生产收入 23.75 万元。1982 年，农业生产收入 29.76 万元。1983 年，农作物播种面积 642 亩，其中水稻播种 265 亩，总产量 10 万千克。1984 年，农作物播种面积 642 亩，其中水稻播种 265 亩，蔬菜播种 377 亩。1985 年，水稻播种 269 亩。1986 年，粮食播种面积 137 亩，总产量 6.65 万千克。是年，农业生产总收入 31 万元。1988 年，10 户村民承包 327 亩耕地，上交村集体承包费 66

万元。1989 年，实有耕地 350 亩。1991 年，耕地面积 296 亩，农产品收入 82 万元（均为家庭经营收入），村收取承包费55万元。1992年，村集体有稻田350亩，播种271.5亩。1993 年，耕地实有面积 326 亩。1994 年，实有耕地 325 亩，其中稻田 180 亩。是年，开挖引水渠道 2 千米，投资 2.5 万元，投入人工 150 人次，动土 330 立方米，土地受益面积 200 亩。1995 年，耕地面积 326 亩，其中水田 180 亩，菜地 145.73 亩。1996 年，全村土地有效灌溉面积 311 亩。2001 年，村有耕地 998 亩。农作物播种面积 698 亩，其中粮食作物 160 亩，总产 76 吨。2003 年，村中土地被征用，不再有粮食种植。

口述 1：凌庄子土地贫瘠状况

建村六百年来，凌庄子村没有摆脱一个穷字，也因为土地出产太少。有人说是凌庄子人懒，不肯下田打理土地，其实这只是表面现象，说此话的人不知道凌庄子的土地是连芦草都不扎根的盐碱洼地。土壤质地差，是人们不肯在土地上过多投入的原因，加上那时候年景非旱即涝。何况即便这样，土地也没有几分属于穷人的，怎么去辛勤劳作？真的难以想象，缺少耕地的农民是怎样一代又一代繁衍至今的！

许国章（85 岁）

蔬菜种植

传统农耕时期，家庭都有小片菜地，大多为开荒所得，少则二分、三分地，多则半亩地以上。通常播种大白菜、胡萝卜、洋葱等品种。大白菜较稳产高产，通常产量可在 4000 千克左右，种植最为普遍。冬贮白菜为村民冬季主要菜品。

新中国成立初期，蔬菜种植属村民自发行为，一般是少量种植以自用。1962 年，天津市提出近郊区“以菜为纲”号召，村队蔬菜种植面积迅速增加。随着城市需求增大，村商品蔬菜种植成为集体经济的重要来源。有记载年份情况为：

1964 年，全村有藕田 368 亩，园田 233 亩。1965 年，有藕田 342 亩，园田 334 亩。1971 年，蔬菜播种面积 296 亩，总产量 151 万千克。1975 年，各种蔬菜播种 434 亩，平均亩产 5000 千克，总产量 217 万千克。1976 年，各种蔬菜播种 590 亩，平均亩产 5000

千克，总产量295万千克。1977年，蔬菜播种709亩，总产量317万千克。1980年，蔬菜播种面积932亩，总产量444万千克。其中商品蔬菜443亩，产量159万千克。1981年，蔬菜播种61亩，总产量15万千克，蔬菜收入20万元。1982年，蔬菜收入21万元。1983年，种植蔬菜377亩，总产量188万千克。1985年，园田种菜488亩。1992年，村有蔬菜大棚12亩，温室大棚2亩。1994年，菜田146亩，农膜使用量1.5吨，农膜覆盖100亩。1995年，菜田146亩，农膜使用量3吨，覆盖菜地140亩。2001年，蔬菜作物播种538亩，总产109吨。至2003年，村中只有少量蔬菜种植。

◉ 养殖生产

禽畜养殖　自建村起，由于水洼多灾，村民饲养畜禽一直很少。传统经济时期，除了少数富庶人家饲养一些大牲畜供役使之外，猪羊、鸡鸭等小型禽畜只有少量圈养或散养。新中国成立后，家庭有少量猪和鸡鸭养殖。人民公社后，养殖业得到快速发展，几乎每个家庭都有生猪养殖。1966年，全村生猪饲养624头，平均每户1.5头。1970年，集体所有骡、马50头，牛、驴14头，种猪34头，全年养猪506头。年末存栏333头，其中集体养猪71头、社员个人养猪262头。大牲畜存栏64头。1972年，养猪624头，年末存栏364头，交售国家255头，集体宰杀5头。1975年，生猪饲养量493头，年末存栏302头，能繁母猪60头；羊饲养量55只。改革开放后，村中出现养猪和养鸡专业户，一般家庭不再圈养猪和散养鸡鸭。1991年，畜牧业收入22万元，均为家庭经营收入。2001年，全村各种养殖肉类总产49吨。

养鱼业　旧时一些烧砖窑主在多水的窑坑中投放鲫鱼、鲤鱼等鱼苗，任其自然生长，称做“人放天养”。后随着村庄从事渔业人口增加，坑塘渐被开发利用，养鱼水面得以扩大。

1956年，凌庄子开始集体养鱼。六七十年代，村集体养殖水面保持在300亩左右，水产收入在集体收入中占很大比重。由于窑坑和天然水坑多，村利用这些坑塘放养鱼苗发展养鱼，成为天津市有名的养鱼大村，村集体每年都要收获几十万千克鲜鱼。

60年代初，在天津市水产研究所支持下，村内成功实现鱼苗人工孵化，辟出几处鱼塘专门进行鱼苗繁殖。繁殖的鱼苗每年在百亿尾左右，不仅满足村内鱼塘使用，还运往武汉等地区销售。

1964 年，全村有养鱼水面 320 亩，可开发利用的水面 400 亩。1971 年，有养殖水面 420 亩，全年淡水养殖产量 15 万千克。1972 年，淡水养殖水面 420 亩，种鱼池 100 亩，孵化鱼苗 140 亿尾，其中外销 70 亿尾。1977 年，村渔业队有社员 42 人。实行联产承包责任制后，鱼塘全部承包给村民，养鱼品种遂呈开放状态，经营效益明显提高。1982 年，渔业收入 48 万元。1984 年，从事渔业生产劳动力 45 人。1986 年，渔业收入 24 万元。1991 年，渔业收入 152 万元，其中集体经营收入 20 万元、联户经营收入 122 万元、家庭经营收入 10 万元。1995 年，凌庄子村观赏鱼养殖得到发展，成为李七庄乡观赏鱼养殖最大基地之一。1995 年，商品金鱼养殖收入 20 万元。2003 年，村中鱼塘减少，多以承包形式由承包者经营。

林业生产

村内林业生产要素不发达，旧时只有村院旁和路边有树木种植。新中国成立后，主要是每年完成指令性植树造林任务。有记载的年份为：

1971 年，凌庄子村造林育苗 2 亩，植树 925 株。1972 年，育苗面积 3.5 亩，植树 1400 株。历年累计植树 1.9 万株。1984 年，全村从事林业劳动力 4 人。1986 年，林业

植树活动（2005年）

收入 3755 元。1994 年，村域实有树木 3 万株。1995 年，植树 4914 株。1998 年，向李七庄乡政府签订《植树造林保证书》，交纳保证金 4520 元。是年，四旁植树 3010 株，景点绿化 1 处。2003 年后，村中除按时完成乡政府下达的植树造林任务外，主要为绿化植树和常规管理，再无林业生产。

副业生产

编织加工　由于村域芦苇丛生和种植水稻，村民多年保有苇编、草编工艺。人们将稻草和芦苇编织成苇席、苇箔，把稻草打制成草绳、草袋，销往市区和外地。由于编织工艺简单、老少皆宜，编织业延续到新中国成立初期。

60 年代，村编织苇席、苇箔、草绳、草帘、草袋等生产项目一度活跃。村民多在家从事这些手工劳作，政府为此设立购销点，收购农民的编织产品，编织业成为村民重要收入来源之一。

70 年代，村内出现加工业，主要是纺线、编织等传统手工加工，后发展为与市区厂家合作的来料加工，如糊纸盒、纳鞋底等手工加工。这些项目大多由政府牵头，与用货单位签订产销合同。八九十年代，传统手工加工被工厂化生产取代，村中加工业主要是服装加工。

烧砖　随着天津城市建设需要，村烧砖业一度十分兴旺。新中国成立前，村里有七八个较大规模的转盘窑和五六个老式小土窑，砖窑主人为少数有钱人家。从事烧砖的人中，除掌握“看火”技术的人收入较多外，从事制坯、装窑、烧制、出窑等苦力的都为穷苦百姓，劳动强度大，收入微薄。

50 年代中期，村砖厂全部由私营企业改为公私合营企业。当时市场需求量大，砖厂与许多建筑工地都订立供需协议，为村砖厂生产最兴盛时期。60 年代后，村烧砖业渐趋萧条。70 年代后期绝迹。

口述 2：凌庄子村烧砖业

靠近津城的地理位置令凌庄子村的烧砖业风生水起。解放前，赵姓财主率先在村北建起了砖窑，并且不断地发展扩充，到后来村域内砖窑多达十几座，光转盘窑就有七八个之多。赵姓后人赵永元的“兰润堂”砖厂名号最响，其次是当地保长赵风林的窑坑运输最红火。砖窑的出现使村民的生存方式发生了改变，人们不再一味地种田和捕鱼，许多人跑到砖窑里去“挑土坑”，挖土制坯、装窑出窑。到冬天砖窑停工了，除了凿冰打鱼，便去河里给“冰窖”打冰拉冰。

李洪昌（80 岁）

搬运装卸 搬运行业随解放前砖窑发展而生。一些身无技艺的村民常年在窑地“挑土坑”，或从事装窑、出窑等繁重搬运劳动。凌庄子村头成为转运码头后，一些村民每天聚集在村东水岸边，等候卸大船和装小船的杂活，从事装卸和搬运货物。新中国成立后，村民仍多从事天津市区建设工地的搬运和装卸工作，村中成立有装卸队。

六七十年代，村各生产小队都有搬运装卸队，人数多时达数百人。村集体每天都有专人在村东河岸负责联系搬运装卸业务，随时调整现场人力。70 年代，天津市航运工会的大船较多，凌庄子村搬运装卸队常去码头装卸货物。搬运装卸队的社员将货物装船后，再骑自行车赶到北郊卸货地点去卸货。卸运完全靠人力，尤以挑 200 千克煤挑子往煤堆上攀登消耗体力最大。

80 年代后，村搬运装卸业消失。

锻造 解放前，受周边村庄多“洪炉”（当地人称打铁的大火炉）影响，村中出现几家锻造作坊，主要是打制鞋钉、鼓钉、船钉、马掌及各种农具。烘炉制作不仅需要一定的技术，体力消耗很大，收入也不稳定。新中国成立初期，仍有少数村民从事锻造，后随着工业铁制品大量出现，村手工锻造消失。

50年代村民捕鱼

捕鱼 捕鱼是解放前村中的重要行业之一。三四十年代，村中有两个渔网班，承接村内外坑塘捕捞劳务。每个渔网班有捕鱼工 20 人左右，配备有排网、赶网、结箔等工具，专门为养鱼户服务。此外，还有一些小型渔网班，一般由家庭成员组成，主要服务于小户渔塘和大渔塘小规模出坑。后有的渔网班配置渔船和大型渔网，捕捞能力有所发展。

50年代，村集体成立捕鱼队，农闲时组织村民进行捕鱼，作为集体收入。60年代后，集体捕鱼消失，有些村民业余时间在河塘中捕鱼。

口述3：凌庄子村捕鱼史

凌庄子地处九河下梢，平时域内是一片盐碱卤地，到了雨季大水连片，从村内即可划船直抵市区。即便在旱季，村边也有东连海河的大河及星罗棋布的坑塘洼淀。俗话说“有水就有鱼”，老辈子村民就在那片水域里结网捕鱼，寻求生计。那片水域鱼类资源十分丰富，村民随便弄个“结箔儿”，便可以捕捞到鱼虾。老人们说，这便是老天爷不让穷人饿死的“道儿”。由于地近津城，海河水产丰盛，村民捕捞到的鱼虾销量不多，村民终年以此为业者少之又少。

胡俊田（80岁）

附1：捕鱼[①]

旧社会里凌庄穷，村民辛苦谋生计：一靠村边垫高地，二靠打工卖劳力，三靠有水捉虾鱼，四靠小贩去市里。幸赖水草生鱼虾，蝗虫鸭雁王八鳖。祖传旧法能捉得，维持家人得生活。夏天雨多来插鱼，冬天捣冰来捉鳖，秋天张网捕蝗虫，八月十五蟹爬篓。还有巧人能下箔，依地设计迷魂阵，各种鱼儿自愿进，再想出来找路难。如果一年秋雨多，这洼就能通外河，鱼能随水四处游，因此水多鱼儿多。

驶船 解放前，水路运输一度成为村民主要生活来源之一。许多村民家庭都有小木船，从事砖瓦、煤炭、黏土等运输。村砖厂生产的砖瓦运往天津市区内，烧窑需要的煤炭要从市区转运进村，由于不通陆路，货运全靠水路。这一带水域水位较浅，大型船只靠岸困难，装船卸船不便，因此小船生意兴起并得以维持。驶船人去时运砖、回来运煤，从中

① 作者：半农。

赚取运费。通常一天往返 1 ～ 2 次。驾船人通常起早贪黑，自己装卸，非常辛苦。

至 50 年代，村中有大小木船 60 只，130 多人从事水路运输，主要是向市区输送砖，每天运输两次。时天津市建有船民协会、航运工会等组织，规定水路运输每 10 千米运送砖、煤价钱，驶船村民运输收入较为稳定。1958 年“大跃进”开始后，村水路运输一度停运，只留下三四只船用于河里挖泥取土。此后，村驶船行当消失。

口述 4：凌庄子村驶船史

烧砖业的火爆还催生了凌庄子人的另一种生计，那就是“驶船”。由于大量的砖瓦产品只能靠小船通过浅水区域运送到市区，烧砖用的煤炭也需要依靠小船从市区运回窑地，驶船业逐渐在村民中兴起。那时候村民家庭大多都有一只小船，父子兄弟二三人同舟共济，去时运砖，回来运煤，凭借驶船赚取生活收入。驶船人都非常辛苦，收入微薄，能勉强混饱肚子就算不错了。

李洪昌（80 岁）

附 2：驶船[①]

凌庄解放余百户，人口已有近千人。村民生活几百年，靠天吃饭种地田。
民国年间建砖窑，烧砖打土地变坑。坑沟满洼连成片，无路行舟另有船。
还得外出去打工，去到汉沽去拉盐。冰窖拉冰按块算，累的棉袄也冒汗。
二人一对小槽船，装卸十吨肩挑完。一天干活十多时，干粮吃去五斤米。
驶船是要壮劳力，不养老少要力气。船是冬天半年闲，改为冰冲来运砖。
一次能运三四百，一天两趟真累人。还有冬天去拉冰，夜里拉冰按块算。
爬跳码垛来回跑，汗流浃背过棉袄。驶船是个受罪活，一天收入没多少。

劳务输出　从 50 年代开始，村经常派劳动力到市区及附近企业，从事土方工程等非技术劳动。1965 年，村派出劳力参加天津体育学院足球场地垫土工程。承揽自来水厂土方回填和排水工程。1967 年，派出社员为天津电力分公司搬运水泥电杆。时劳务输出

---

① 作者：半农。

全部收入记入村集体账下，社员报酬除记工分外，有少量补贴。改革开放后，劳务主要是个人行为，集体不再组织。

第三产业

解放初期，村商业、服务行业数量少，属零星经营。1954 年，凌庄子村加入李七庄供销合作联村社，每个社员入股 2 元，主要经营食盐、食油、煤油、火柴、肥皂、棉布等日常生活用品。后来商品种类增加，出售玉米、面粉等粮食产品。联村社在村设有代销点，使入股社员可分得一些红利。

人民公社化时期，村综合修理站、船力运输队、人力运输队都是村属副业项目，参加者和农业生产社员一样挣取工分。

八九十年代，村第三产业企业发展迅速，大多属于私营企业性质。主要有：食堂、餐厅、旅店、汽修、修配等。后来大多关闭。

21 世纪初，村第三产业年营业收入通常在 7000 万元左右，年利税总额可达 1000 万元。全部为私营企业或个人承包经营。2001 年，村中有大小第三产企业 555 个，其中个体 554 个。从业人数 865 人，营业收入 1.03 亿元，年利税总额 2258 万元。

集体企业

村集体企业大多形成于 70 年代，部分企业 80 年代正式注册，实行企业化管理。实行承包制后，企业管理和经营状况有所改善，产值利润逐年提高，在村经济中占比越来越大。八九十年代，集体企业蓬勃发展，加上早期形成企业，集体企业多达 40 余家。生产经营范围涉及加工、制造、服装、制药、印刷、修理、培训、运输、房地产、商业、油料、机电等多个领域。

1990 年，拥有规模企业 18 个，年销售额合计 689.88 万元。是年，工业劳动力 702 人，其中乡办工业 53 人、村办工业 637 人、其他 12 人。

80 年代始，村集体企业逐年发展，经营状况稳步提升，在村集体经济收入中占比越来越高。

1981 年，工业生产总收入 67 万元。1982 年，工业生产总收入 68 万元。1983 年，村办企业和从业人数有较大幅度增加，总收入 155 万元。1985 年，村办企业总收入 285 万元。1986 年，村办企业总收入 525 万元。其中工业总收入 354 万元，运输总收入 93 万元。1987 年，村办企业总收入 255 万元，利润总额 13 万元，缴纳税金 10.9 万元。是年职工人数 343 人，财产总值 69 万元。1988 年，村办企业总收入 553 万元。1990 年，村办企业年销售额合计 689 万元。1991 年，工业总收入 1169 万元。

1992 年，村属企业 24 个，年产值 3500 万元。

1992 年凌庄子村公私企业情况表

表 2

企业名称	创建时间（年）	经营范围	经营状况	企业性质
振盛服装厂	1986	服装制作	微利	私营
宏光彩印厂	1991	印刷	亏损	集体
钻石模具厂	—	模具生产	微利	私营
内燃机修理厂	1990	汽车修理	亏损	集体私营
红旗汽修厂	—	汽车修理	亏损	私营
兴华纸盒厂	1965	纸制品生产	赢利	集体
水上印刷厂	—	纸箱纸盒生产	微利	集体
凌庄扪盒厂	—	金属制盒	微利	集体
凌懋汽修厂	—	—	—	私营
凯悦配件厂	—	—	—	私营
凌庄综合修配厂	1965	农机修理	微利	集体
振兴帆布厂	—	帆布生产	微利	私营
宏达纸箱厂	—	—	—	集体
大发汽修厂	—	汽车修理	微利	集体私营
红旗机械配件厂	—	汽车配件生产	亏损	私营
凌庄机修厂	—	—	—	私营
电瓶厂	—	电池生产	赢利	私营
司机培训班	—	司机培训	赢利	集体私营
华昌配件	—	—	—	私营
宏大冲压件厂	—	—	—	私营
华兴运输队	—	运输、搬倒	赢利	集体私营
凌云房地产	1986	房地产开发销售	赢利	集体

1991 年凌庄子村企业经营情况表

表 3　　单位：人、万元

企业名称	职工人数	总产值	纯收入	企业性质
氨凌制药厂	174	228	36	集体

续表 3

企业名称	职工人数	总产值	纯收入	企业性质
宏达纸箱厂	20	38	4	集体
大发汽车修理厂	31	139	16	集体
凯悦配件厂	7	66	5	私营
玻璃店及钻石模具厂	5	17	4	私营
红旗机械配件厂	15	71	9	集体
电器厂	12	14	6	集体
华凌饮料厂	43	50	12	私营
综合修理站	5	7	2.3	集体
凌庄子驾校	17	45	13	集体
振兴帆布厂	37	31	11	私营
永大金属表面处理厂	7	13	2.7	私营
凌懋汽车修理厂	17	33	10	私营
扪盒厂	95	40	35	集体
水上印刷厂	25	47	11	集体
光华纸盒厂	160	86	34	集体
红旗汽修厂	20	54	10	私营
华昌配件厂	5	34	3	私营
振盛服装厂	74	73	23	集体
宏光彩印厂	13	15	6	集体
红旗内燃机修理厂	17	19	6	集体
宏大冲压件厂	20	61	8	私营
合计	819	1181	267	

1993 年，村属企业 20 个，从业人数 791 人。工业总收入 1926 万元，三产业收入 1350 万元，村集体收入 585 万元，总收入 3861 万元。

1993 年凌庄子村企业收入情况表

表 4　　　　单位：万元

企业名称	收入金额	企业名称	收入金额
凌庄子驾校	55.20	凌懋汽修厂	18.80
红旗机械配件厂	80.00	内燃机修理厂	61.00
振盛服装厂	254.50	宏光彩印厂	29.00
电器厂	65.80	大发汽修厂	161.60
华凌饮料厂	62.70	长虹、钻石	161.80
纸盒、扪盒、印刷厂	382.00	氨凌制药厂	536.80
综合修理站	19.90	永大金属表面处理厂	16.30
宏达纸箱厂	20.60		

1995 年，集体企业年产值 2836 万元，利润总额 203 万元。

2001 年，村集体企业工业总产值 2962 万元，销售收入 2488 万元，利润总额 126 万元，出口交货值 28 万元。

2007年，天津数字娱乐产业论坛在凌庄子村举办

凌奥创意产业园

2004年，村域经济实现由传统农业到现代都市型经济的巨变，创立天津第一家立于现代都市经济潮头的创意产业园区，建立凌奥集团，成为村经济主体。历时十几年，创意产业的经营和发展都取得巨大成功，也为凌庄子村带来巨额财富，从而使一个贫穷混乱的普通村庄一跃跨入天津农村经济总量最大的村庄之一。在强大经济实力支撑下，凌庄子在天津城市发展扩张中迅速变身，农业从村域经济中退出，村庄迅速融入大城市，演化为现代化大都市的一片繁华地。2016年，凌奥集团拥有物业总面积45万平方米，出租面积28.87万平方米；年总收入2.28亿元，其中主营业务收入2.03亿元。

南临平川背倚城，改革大潮舞东风。创意迎来八方客，凌奥翱翔赛雄鹰。

◉ 创意产业园区建设

凌奥创意产业园是天津市第一个成立、第一个依法注册，也是最大的一个创意产业园区。园区位于奥运水滴体育馆南侧 600 米，占地面积 310 亩，总建筑面积 45 万平方米。其中一期、二期工程 12 万平方米，三期工程 33 万平方米，总投资 15 亿元，可容纳 1000 家企业入驻。前后完成多个重大工程，使园区拥有一流人文商业投资环境，将文化、创意与工业旅游相结合，打造园林景观式的创意氛围及绿色环保生态环境，形成以动漫、软件、建筑设计、时尚设计、广告传媒、科技研发为主的创意产业聚集区，向入驻企业提供创业一体化服务。

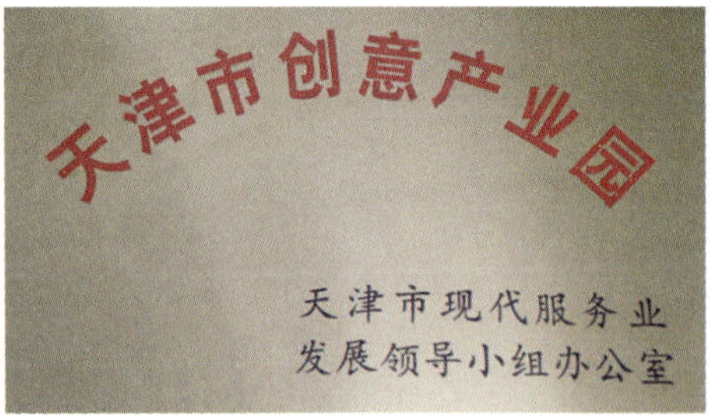

凌奥创意产业园获天津市创意产业园称号

产业园 1~3 期工程 凌奥创意产业园 1~3 期项目总占地面积 310 亩，总建筑面积 45 万平方米。其中一期、二期总建筑面积 12 万平方米，三期建筑面积 33 万平方米，总投资 15 亿元。

凌奥创意产业园（2016年）

2004 年，投资 1.5 亿元建设凌庄子村工业园区（后改为创意产业园区）。项目地址在凌庄子村以西、李港铁路以北、少管所以东、自来水厂以南四至范围，占地面积 100 亩。一期工程实际投资 7000 万元，二期工程实际投资 5500 万元；一期、二期工程落实建筑面积 12 万平方米。

2005 年 12 月，工程主体项目全部竣工。

2006 年，工业园区一期房屋产权证、土地证办理完毕，二期各项配套及相关协调工作全部完成。

产业园1~3期工程

2008 年，一期、二期上下水、电、天然气、暖气、道路、绿化、路灯、通信、闭路、围墙等全部配套工作完成，达到出租、居住、销售条件。

2009 年 11 月，凌奥创意产业区园三期工程项目正式启动，该项目设计总面积 20 万平方米，其中地上面积为 13 万平方米，地下面积为 7 万平方米（地下两层，不含南北商业带）。

2013 年，创意产业园三期配套工程等各项工程进入收尾阶段。该项目竣工后，与一期、二期工程项目对接为一体，使园区总建筑面积达到 45 万平方米。总投资 15 亿元。

主要工程

凌奥商业网点　2004 年，凌奥集团投资建设凌奥商业网点工程，项目地址位于凌庄子村西，规划建筑面积 4000 平方米。

2006 年 4 月，凌奥商业网点工程竣工。该项目为框架三层结构，实际建筑面积 4556.97 平方米，总投资 433 万元。工程验收合格并大部分出租进入经营阶段。商业网点房屋产权证办理完毕，各项配套及相关协调工作全部完成。

2016 年，凌奥商业网点运营状况良好。

凌奥综合市场　2008 年 7 月，天津市商务委员会批复同意兴建凌奥菜市场项目。项目设计目标为：以满足天津体育中心周边及凌奥花园、鑫奥老年公寓等 9 个社区 17 万

创业产业园二期及商业网点

常住人口的菜市场需求，解决周边600多个摊贩占路经营问题，改善市容环境，带动周边经济的快速发展。项目坐落在凌宾路延长线凌奥花园住宅小区西侧，规划建设用地1.2万平方米，土地性质为集体土地。规划总建筑面积2万平方米，地下一层、地上二层（局部三层），结构类型为钢筋混凝土框架结构。工程东西跨度为52米，南北跨度为218米，首层高5.7米、二层高5米，总层高15.8米。

2011年，凌奥菜市场项目全部竣工。该项目总投资1.2亿元，实际建筑面积3万平方米。其中凌庄子占有份额50%，为1.5万平方米。

2011年，村领导与技术人员研究工程方案

凌奥创意产业园

凌奥温泉国际酒店

2016年，凌奥菜市场管理规范，建筑设施及配套设施维护完好，市场经营实行商家总承包，年利润上千万元。

凌奥美食休闲街 2009年9月，合作建设凌奥美食休闲街项目。项目地址位于凌滨路以西、自来水厂北侧。总投资7200万元，建筑面积1.8万平方米，凌庄子占有份额50%，分得9000平方米。该项目为集商务、娱乐、休闲、餐饮于一体的高档商业街。

凌奥美食休闲区

2016年5月1日，工程竣工。

海天国际鑫湖园 项目为公寓楼盘，建设目的是市场销售。该项目2008年年初完成立项等前期准备工作，由海天国际控股有限公司承建。

项目坐落于红旗南路以南、凌宾路以东，占地面积

1.77 万平方米，其中界内用地 1.38 万平方米，界外处理地 3861.7 平方米，规划建筑面积 6.1 万平方米（地上部分）。

2012 年，全部工程验收完毕。该项目总投资 2.6 亿元，实测地上总建筑面积 6.5 万平方米，凌庄子村占有份额 40%，分得 2.6 万平方米。

凌奥商城 项目地处王兰庄商业带北（原村养禽场地带），主要业态以大型购物、酒店、餐饮娱乐、办公等为主。

2009 年 8 月，凌奥商城项目得到西青区规划局批复。该项目设计建筑面积 12 万平方米，总投资 5.6 亿元左右。通过采取五五分成合作方式建设，前期手续完成。

2011 年 10 月，项目地址选定卫津南路东侧、国风新苑小区南侧、李港铁路西侧、赵金庄工业区北侧。规划用地 4.69 万平方米，规划地面建筑面积

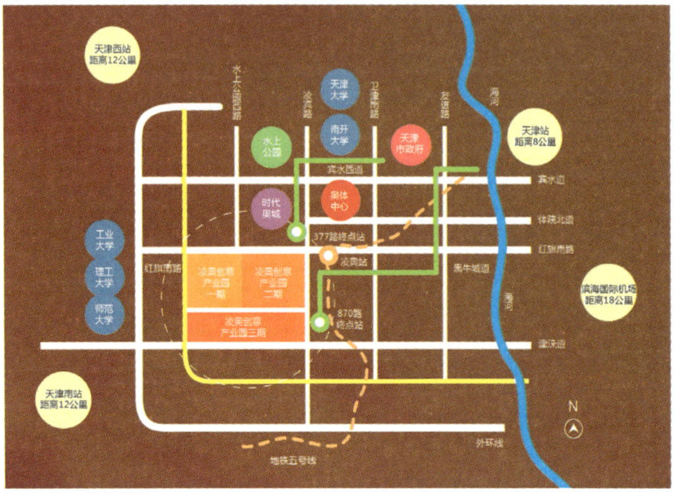

产业园地理位置示意图（2015年）

调整为 18.76 万平方米；规划地下两层建筑面积 6.5 万平方米，容积率 4.0。

2016 年，一期工程全部完成，总建筑面积 13.48 万平方米。

园区基本模块

凌奥创意产业园按其功能作用分为 4 个模块：孵化器、凌智空间、加速器、综合服务平台。4 个模块在集团公司的涵盖下统一运作，为不可分割的整体。

凌奥科技企业孵化器 凌奥科技企业孵化器由天津凌奥科技企业孵化器有限公司运营管理，为凌奥集团旗下子公司，属紧密层企业。本孵化器是一家民营综合科技企业孵化器，以科技型企业为主要服务对象，以促进科技成果转化、培养高新技术企业和企业

孵化器外景（2016年）

凌奥创意产业园获国家级科技企业孵化器称号

凌奥创意产业园获市级科技企业孵化器称号

家为宗旨。

2011 年 7 月，凌奥孵化器被西青区加快科技型中小企业发展工作领导小组办公室认定为区级科技企业孵化器；2011 年 12 月，被天津市科委认定为市级科技企业孵化器；2013 年 12 月，被科技部认定为国家级科技企业孵化器。孵化器截至 2016 年引进在孵企业 83 家，毕业企业 31 家，其中：2016 年新增入孵企业 21 家，获得风险投资额 3515 万元，毕业企业 5 家，从业人数 1427 人，其中吸纳应届大学毕业生 157 人，申请知识产权 129 项。

凌智空间 2015 年，凌奥创意产业园积极响应国家与天津市“大众创业、万众创新”号召，本着便利化、全要素、开放式宗旨，创建凌奥创意产业园众创空间——凌智空间，注册成立天津凌奥众创空间管理服务有限公司。是一家以承揽创业辅导、青创孵化、商务会议等业务为主的服务型企业。

2015 年 12 月，凌智空间被天津市科委评为第二批“天津市众创空间”。2016 年 10 月，通过科技部火炬中心备案，成为国家级众创空间。凌智空间自运营以来，先后引进 41 个团队，注册公司 39 家，获得融资 6140 万元，获得及申请知识产权超过 70 项，商标 15 项，认定科技型中小企业 20 家。2016 年，获得创新引导资金 6 家，国家级高新技术企业 1 家，天津市高新技术企业 1 家，获得区级、市级、国家级创业大赛奖励共 10 家，直接解决就业 298 人，间接带动就业超过 500 人。高端创新创业人才加快聚集，引进国家“杰出青年人才”1 名、国家“千人计划”1 名和国家“长江学者”1 名，获得西青区创新创业之星 1 人，海归 4 人，硕士以上学历超过 50 人，本科学历超过 200 人。

2015年，市科委向凌智空间授牌

加速器 凌奥科技企业加速器由凌奥集团有限公司运营管理，是孵化服务体系链条的一个重要环节，与孵化器、凌智空间相辅相成，物理空间内创意氛围浓郁，赋予流动性、开发性、透明性、艺术性等特征，为企业提供良好的运营环境。

凌奥加速器通过促成优势合作项目和优势产业进行联合和产业互动，促进地区间、企业间的实质性合作，加快成果转化，从孵化器毕业企业中有 56% 的企业进驻加速器继续发展壮大。2016 年，入住企业超过 80 家，形成一批孵化培育的重点产业、骨干企业和名牌产品。

综合服务平台 园区为提高孵化链条的服务质量与服务功能，针对企业发展中涉及的大量共性问题，打造全新的一站式综合服务平台，采用中央数据库与系统集成软件进行智能化管理，涵盖公共技术、创业咖啡、360 度企业展示、多功能厅、政务服务等多项功能。

凌奥创意网 凌奥网（http://www.leogroup.com.cn/）系天津凌奥创意产业园集团有限公司主办的门户网站，于 2010 年投入使用。最初分为 8 大板块：招商项目、项目进展、领导视察、园区动态、精彩视频、产业动态、政策法规、媒体看凌奥。随着园区企业入驻增多，后又加入企业秀台、青年创业基地两大板块。2012 年，园区被评为国家 AAA 级旅游景区，网站加入景区动态模块。至 2016 年，网站发布信息上万条，涵盖新闻、房产、汽车、旅游、健康、财经、文化等 30 多个频道。

国家 AAA 级旅游景区 凌奥创意产业园在注重自身经济发展的同时，更加注重绿色生态环保，在国家 AAA 级旅游景区的基础上，致力于打造国家级“工业旅游示范园

国家AAA级景区一角（2016年）

凌奥创意产业园获得的国家级、市级荣誉称号

区”。园区本身邻近水上公园、南翠屏公园、第三高教区，具备独特的人文与自然生态景观优势，以生态文明，创意文化为设计理念，园区内建筑新潮、外景空间广阔、水域资源天成，创意与文化相互交错，置身园区会给人以“自然与人文合二为一、经济与文化浑然一体”的切身体验，营造良好的旅游氛围。

2011 年 3 月，凌奥创意产业园被天津市工业旅游示范点评定委员会评为天津市工业旅游示范点。

2012 年 12 月，凌奥创意产业园被全国旅游景区质量等级评定委员会评定为国家 AAA 级旅游景区。

2016 年，园区以综合服务平台和近 600 家企业为旅游景点，开辟动漫类企业、设计类企业、科技研发类企业等三条旅游路线，主要包括展示厅、紫砂博物馆、川上陶艺、泥人张、影视动漫、设计工作室等，最终目标成为全国工业旅游的“创意之都”。

◉ 凌奥集团

为村集体全资企业，注册资金 3000 万元。经营领域涉及房地产开发、房屋租赁、投资管理、投资咨询、物业管理、市场经营与管理服务、展览展示、会议服务、文化艺术交流与培训等。

2007 年，为满足凌奥创意产业园园区建设及凌云房地产开发公司等企业发展需要，经党支部提议，全体党员、群众代表大会表决通过，创建天津凌奥集团，旗下有天津凌奥科技企业孵化器有限公司、天津凌奥众创空间管理服务有限公司、凌奥投资有限公司、凌奥物业管理公司、天津凌云房地产开发公司、天津市佰利华物资商贸有限公司等。9 月 18 日，凌奥集团取得营业执照。28 日，凌奥集团正式挂牌，凌奥集团开始运营。先后完成鑫奥老年公寓、创意产业园一期和二期工程、商业网点、村民高层住宅楼等基础项目。同年，村集团为村民养老保险投资 2.5 亿元。

2008 年 5 月，海天国际公寓 6.1 万平方米项目合作开发建设，标志着凌奥集团成功跻身都市建设的发展军团。是年，村集体固定资产总值从 1 亿多元一跃达到 6 亿多元。年底，完成资产整合，村委会掌管的集体资产大部变更到凌奥集团名下。集团可租赁房屋面积 18.5 万平方米，签订租赁合同总额 3650 万元，年租赁收入 2518 万元。

2009 年，相继合作开发建设天津奥林匹克体育中心场对面村办公楼项目 4000 平方米、凌奥菜市场项目 3 万平方米、凌奥美食休闲街项目 1.8 万平方米、凌奥创意产业园三期工程项目 33 万平方米。创意产业园三期竣工后与一期、二期工程项目顺利对接，使园区总建筑面积达 45 万平方米。当年净利润 6230.8 万元。年收租金 2944.6 万元。

2010 年，集团拥有物业总面积 21.43 万平方米，总计出租 17.77 万平方米。净利润 6105.4 万元。

2011 年，凌奥商标被天津市工商局确认为“著名商标”。全年集团年租赁收入一项就达到 4729 万元。

凌奥集团（2016年）

2012 年，集团打造集旅游、休闲、工作、科研、创意、商业、文化为一体的综合旅游休闲区，从而提升凌奥创意产业园整体形象。净利润 9454.9 万元。

2013 年，凌奥创意产业园三期项目竣工投入使用并进行全面招商。净利润 1 亿元。

2014年“凌奥”获天津市著名商标

2014 年，凌奥聚金典当行成立，主营业务收入 1.38 亿元，其他收入 727.8 万元，年度利润 1 亿元。

年收取租赁费 9001.2 万元，村固定资产总值突破 20 亿元。

2015 年，凌奥温泉国际酒店进驻凌奥市场，凌奥停车场项目及“集装箱商业区域”开始建设，搭建 5000 平方米凌智空间。年总收入 1.45 亿元，其中，主营业务收入 1.23 亿元。利税总额 1.28 亿元。

2016 年，集团拥有物业房屋资产总面积 45 万平方米，年总收入 2.28 亿元，净利润 1.17 亿元，缴纳税金 4293.5 万元，利税总额 1.6 亿元。

年租赁收入达到 1 亿元。

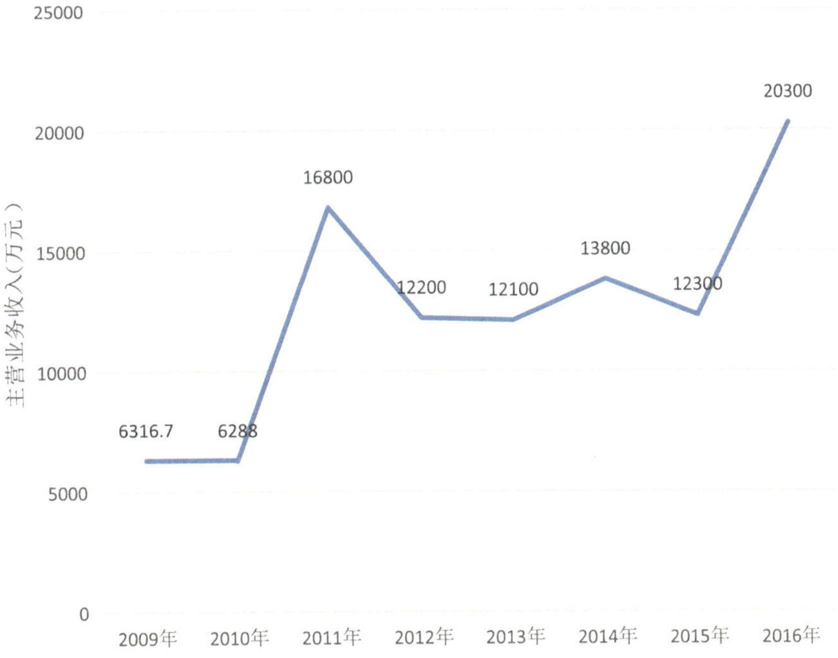

2009—2016 年凌奥集团主营业务收入变化图

集团员工在工作和学习中（2015年）

十几年中，凌奥集团发展成为“中国企业诚信经营示范单位”“中国自主创新百强企业”“天津市西青区亿元企业”，成为天津创意产业建立最早、规模最大、效益最好的龙头企业。

重点行业

房地产 村房地产开发业先于凌奥集团而产生，一度为集体经济的支柱产业。凌云房地产开发公司创建时，主要承接村内住宅楼、办公楼等建设工程。主营房地产开发及商品房销售，兼营房屋租赁、物业管理等业务。2005 年，公司完成 ISO 9001 质量管理体系认证，进一步完善各种制度体系，企业管理工作纳入正规化轨道。2007 年凌奥集团成立后，凌云房地产开发公司成为其旗下子公司，企业性质依然为村集体所有。房地产开发销售业务持续居高不退，直接促进凌奥集团的迅猛发展。凌云房地产开发公司为凌奥集团和凌庄子村创造大量财富，发挥出旗舰作用。

2008 年 3 月，注册成立凌奥投资有限公司，主要为在建项目提供房地产投资等产品与服务。

典当行 2014 年 8 月 8 日登记注册天津凌奥聚金典当有限公司（简称聚金典当行），

注册资本5000万元，经营范围：动产质押典当业务；财产权利质押典当业务；房地产（外省、自治区、直辖市的房地产或者未取得商品房预售许可证的在建工程除外）抵押典当业务；限额内绝当物品的变卖；鉴定评估及咨询服务；商务部依法批准的其他典当业务。

商贸行业 2004年6月，为在村民住宅楼项目中有效管控资金、确保材料质量，村集体成立天津市佰利华物资商贸有限公司。在自建项目的采购工作中实行公司化。公司坚持以一流的专业水准，一流的敬业精神，一流的服务意识，勤奋细致的工作态度开展服务，提出"竭诚服务、高效反馈、迅捷响应、最佳效益"服务理念，与客户建立供需双方绿色通道，实现"双赢"。

2010年，佰利华商贸公司完成产值约4000万元，利润约300万元。召开材料订货会20次，完成集团办公用品采购任务。

凌奥聚金典当行外景（2015年）

清华大学研修班参观园区（2015年）

老挝代表团到园参观（2013年）

集团负责人与到园区参观的朝鲜驻华大使座谈（2014年）

凌奥集团向柬埔寨贵宾赠福字（2011年）

国防大学来宾参观（2015年）

社会党青年国际联盟代表团参观园区（2014年）

中记联记者到集团参观（2014年）

中科院来宾到园区指导（2015年）

◉ 园区荣誉

国家级荣誉 7 项

2011 年园区被认定为国家级创业促进就业实验区

2013 年园区被认定为 AAA 国家级旅游景区

2013 年园区被认定为国家级科技企业孵化器

2014 年园区被认定为国家级全国青年创业示范园区

2015 年园区被认定为国家级“创业苗圃—孵化器—加速器”科技创业孵化链条建设示范单位

2016 年凌奥产业园被认定为国家级众创空间

2017 年园区被认定为国家小型微型企业创业创新示范基地

市级荣誉 7 项

2010 年园区被认定为市级文化产业示范基地

2012 年园区被定为市级小企业创业基地

2012 年园区被认定为市级工业旅游示范点

2013 年园区被认定为市级青年创业基地

2013 年园区被定为市级青年科技创业示范基地

2015 年园区被认定为市级众创空间

2015 年园区被认定为市级巾帼众创空间

乡村建设

进入21世纪后，村内党组织及自治组织持续探索创新村民自治的途径和方法。两委会领导班子的产生从原由上级党委任命到党员及企业代表直接选举，不断强化班子建设，增强战斗力、凝聚力和成事能力；充分发挥工会、共青团、妇联、民兵、党员群众代表大会、村务监督委员会等组织的作用，村中事务协调开展。在实行民主选举、民主决策、民主监督、民主管理过程中，创建“以制度施政、用制度管人”“党员群众代表大会决策”“智能化电子公开系统”等新模式，不断完善村务公开管理体系，真正实现村里的事群众当家做主，村中和谐稳定，干群团结一致，上下合力共同拼搏进取，呈现出安定和谐、事业蒸蒸日上的大好局面。

◉ 村政建设

村党组织 1956 年，村内建立第一个党小组。1962 年，建立党支部，书记 1 名，委员 2 名。

1966 年 1 月，村党支部进行调整，书记 1 名，委员 2 名。

1975 年 2 月，村党支部进行调整，书记 1 名，副书记 1 名，委员由 3 名逐渐增加到 8 名。

1989 年 11 月至 1998 年 9 月，村党支部进行调整，党支部书记 1 名，副书记 2 名，支部委员 3 名。

1998 年 9 月至 2003 年 6 月，村党支部进行调整，党支部书记 1 名，副书记 2 名，委员 3 名。2002 年 12 月至 2003 年 6 月，增加委员 2 名。

2003 年 6 月至 2006 年 6 月，首次以“双推直选”形式进行村党支部换届选举，新的党支部书记 1 名，委员 4 名。

2006 年 6 月至 2009 年 2 月，党支部如期换届，党支部书记 1 名，委员 4 名。

2009 年 2 月至 2012 年 3 月，党支部如期换届，党支部书记 1 名、副书

支部成员向党支部书记递交责任书（2015年）

记 1 名，委员 3 名。

2012 年 4 月至 2015 年 2 月，党支部如期换届，党支部书记 1 名、副书记 1 名，委员 3 名。

2015 年 2 月至今，党支部如期换届，党支部书记 1 名、副书记 1 名，委员 3 名组成。

党支部书记连续 5 届连选连任并兼任村委会主任。党支部成员 5 人，其中书记、副书记各 1 名，委员 3 名，另设书记助理 1 名。党支部书记兼任村委会主任、凌奥集团公司董事长，负责村内及集团全面工作，为党务工作第一责任人，主抓财务、人事管理工作，负责大项目的洽谈把关工作。党支部副书记及其他 3 名委员在党支部、村委会、凌奥集团均是分别交叉任职，与之对应的 10 个方面的主管工作和 18 个分管部门都有明确分工。

党务活动

整党建党工作 1962 年，村内党支部成立后，开展提高党支部成员素质教育、建树标兵活动。在恢复国民经济及 1963 年抗洪斗争中，党支部和党员起到中流砥柱和先锋模范作用。

1969 年，开展整党建党工作，参加上级举办的以整党为中心内容的各种类型学习班，开展党内两条路线斗争史的学习，进行党章教育。通过“斗私批修”和群众评议，加强班子及党员队伍建设。

80 年代始，从加强党支部工作制度建设入手，健全民主集中制和集体领导下的分工负责制，初步落实党内“三会一课”制度。通过采取实施党员目标管理、在村级组织中开展“战斗力强、凝聚力强、号召力强”为内容的“三强”创建活动，加强领导班子建设。

村领导与中层干部签订责任书（2006年）

2003年始，党支部重新修订和严格执行《干部廉政建设规定》《党风廉政建设责任制》，建立村级干部和部门党员干部廉政档案，明确责任；每月7日上午为书记接待日，每月7日下午召开党员、群众代表大会；改革用人机制，制定并实行《中层干部竞聘上岗制度》，每年年初进行中层干部公开竞争上岗，干部队伍实行岗位责任制，层层签订责任书；开展“三级联创”工作，进行形势任务教育活动，使班子成员认清形势，统一思想，激发干劲；开展大范围谈心活动，党支部书记与102名党员、群众代表谈心，征求意见。2005年年底，村党支部第一次被李七庄党委评为“红旗党支部”。

保持共产党员先进性教育活动 2006—2011年，在党员队伍中开展保持共产党员先进性教育活动。组织党员、群众代表到韶山毛泽东故居等地学习参观，提高保持共产党员先进性教育活动实效。两委会成员带头在全体党员、群众代表大会上公开承诺，将承诺的具体事项在公开栏予以公示，年终由村监督委员会成员和群众代表对党员、干部承诺情况进行综合考评；建立党员服务站，每季度召开一次议政会；开展学习实践科学发展观教育活动；开展“扶贫帮困送温暖”活动，慰问困难户8户、孤儿1户、军属5户、

党支部成员慰问困难户（2012年）

老干部6户、单亲家庭21户；制定《村党支部向党员、群众代表大会报告工作制度》《民主评议村班子和干部制度》《村班子和干部述职述廉制度》等一系列加强班子建设的规章制度，严格遵循有章可循、建章必依、违章必究原则，一律公平对待。针对村干部缺乏出勤意识，群众有事找不到村干部的情况，重新完善《干部考勤制度》，严格落实惩罚措施，并推行连带责任，把责任追究到上一级领导。

“创先争优”活动 2012—2016年，开展“创先争优”活动，村支部被市委、西青区委授予“2012年创先争优先进基层党组织”称号；村班子成员向党支部书记递交《干部责权利责任书》，支部坚持定期召开干部生活会，严格抓好党风廉政建设，村党支部被天津市委组织部、天津市农委评为2013年度“农村党的建设三级联创活动五个好村党组织”；出台并施行《培养年轻干部及干部管理若干规定》，开展党的群众路线教育实践活动，年终民主评议两委会班子，群众好评率为98.6%。2014年，凌庄子村被天津市文明委评为“天津市文明村”；结合村级组织换届，在两委班子成员中开展“三问三讲三争做”专题教育，党支部全体成员连续两届连选连任，并实现两委会及集团三套班子交叉任职；2016年，带领党员开展“两学一做”（学党章党规、学系列讲话，做合格党员）学习教育活动，采取班子成员讲党课、制作图文并茂的PPT课件、发情况简报、手抄党章100天活动，开展“应知应会知识竞赛”、组织参观有关主题展览、谈心活动。班子成员及中层干部分别列出问题清单、任务清单、责任清单，建立整改台账。根据学习内容制作13期《凌庄子村“两学一做”学习教育专题简报》，组织党员、团员开展“两学一做应知应会知识竞赛”、参观“永远的长征——纪念红军长征胜利八十周年”和“家风耀中华”主题展览等。通过“两学一做”学习教育，使党员的组织观念、党性意识明显增强，党员队伍的先锋模范作用发挥得更好，干部作风进一步好转。

凌奥子村获“五个好村党组织”称号

附1：党员“网格化”管理

2013年，村党支部落实区委部署的“百名干部进村、万名党员联系户”活动，结合村内实际情况，将党员联系户划分为5个层面，实行党员“网格化”管理，做到联系群众全覆盖。每名党员联系12～13户村民，建立《民情台账》《民情日记》；制定党员网格化管理星级评定加减分标准，年终对党员进行星级评定，对在网格化管理中表现突出的党员给予加分，党员所负责的联系户中有违反村里规章制度的，对包户的党员给予扣分。当年全村99名党员走访群众2396人次，解决与村民生活相关的就业、保险、环境卫生等问题12个。实施“网格化”管理快捷便利，使党员与群众的联系更加紧密，实际效果显著。至2016年，这种模式一直在运行中。

制度建设

2003年，新一届党支部决定用制度建设这一科学管理利器，打造富民强村、安定和谐环境，相继制定出以党务工作为主的多项制度。至2016年，不断进行增立、补充和修改，将8大类69项制度汇编成册，被称为“以制度治村”的典范。制度8类为：

班子建设制度 针对两委会制定的制度主要有《凌庄子村工作例会制度》《村班子理论学习制度》《民主评议村班子和干部制度》《村两委会联席会议制度》《村委会向村党支部汇报工作制度》《村党支部向党员群众代表大会报告工作制度》等6项。

队伍建设制度 包括《党日活动制度》《群众代表大会实施办法》《群众代表行为准则》《40周岁以下党员学习培训制度》《党员网格化管理星级评定加减分标准》《凌庄子村、凌奥集团干部任用及培养年轻干部管理细则》《民情台账制度》《团支部工作管理制度》《妇联工作制度》《民兵应急分队管理制度》等10项。

党风廉政管理制度 包括《村班子和干部述职述廉制度》《村党支部党风廉政建设责任制》《凌庄子村干部廉政建设规定》《凌庄子村村干部守则》等4项。

民主政治建设制度 包括《书记接待日制度》《支部扩大会议政日制度》《公开日制度》《村务公开制度》《村委会议事规则》等5项。

民主理财管理制度 包括《财务管理制度》《重大事项集体研究决策制度》《承包招投标制度》《民主理财制度》《集体资产管理制度》《关于业务招待费的管理规定》等6项。

村政管理制度 包括《户口管理有关规定》《关于村民迁出户口实施细则（试行）》《喜寿婚宴管理规定》《凌庄子村殡葬管理规定》《安全用电管理规定》《关于发放村民福利待遇的有关规定》《发放城镇职工养老保险款的规定》《计划生育管理制度》《2013年

凌庄子村医疗报销大额救助规定》《凌庄子村福利分房方案细则规定》《关于凌福郡庭住宅小区房屋装修有关规定及要求》《关于为独生子女家庭户上城乡居民医疗保险的规定》《关于对退二孩生育指标家庭奖励办法的暂行规定》等13项。

工作规章制度　包括《凌奥集团考勤制度》《凌奥集团对突出贡献者奖励的决定》《凌奥集团员工辞职辞退管理制度》《凌奥集团各部门工作汇报制度》《凌奥集团员工统一着装规定》《凌奥集团干部员工行为准则》《凌奥集团房地产开发公司工作制度》《凌奥集团房地产开发公司在建工程建设单位、监理单位、施工单位安全工作制度》《工程部工作守则》《开发办公室工作守则》《开发综合部工作守则》《招商部工作守则》《凌奥招商管理服务中心前台接待管理制度》《集团办公室工作守则》《党建办公室工作守则》《音像资料室工作守则》《计划生育办公室工作守则》《财务室工作守则》《养老保险办公室工作守则》《综治办公室工作守则》《车务办公室工作守则》《水电维修部工作守则》《骨灰堂服务人员职责》《旅游接待服务中心工作守则》《采购服务管理中心工作守则》《孵化器服务中心工作守则》《食堂工作守则》《用餐人员守则》《档案工作人员守则》《档案工作人员职业道德规范》等30项。

文化阵地管理制度　文化管理制度包括《凌庄子村宣传橱窗管理制度》《安防系统管理制度》《凌奥健身队排练室管理制度》《档案借阅制度》《档案立卷归档制度》《档案保密制度》《档案室安全保管制度》《档案管理制度》等8项（为记述完整，此处未对党政制度加以区分）。

链接：凌庄子村8大类66项制度促发展[①]

10年前，还曾是一个经济发展比较落后的“穷村”“乱村”，李七庄街凌庄子村在村两委班子领导的带领下，拿起制度建设这一科学管理的“利器”，通过建立健全科学规范的规章制度和不折不扣地严格管理，使全村实现大治、发生大变，成为全区乃至全市创意产业的领军和集体经济实力雄厚、群众得到实惠较多、社会安定和谐的先进村。

2003年，面对集体资产不到1亿元、负债几千万元、非正常上访和滋事闹

① 作者：李美玲、刘忆敔，原载2012年2月10日《天津日报》。

事事件不断发生的严峻局面，新一届党支部清醒地认识到，没有规矩，不成方圆。缺乏制度的团队就是一盘散沙，松软无力，甚至混乱不堪。全村要大治、要大变，就必须管好班子、管好队伍、管好党建、管好村务，必须通过科学严格的管理打造富民强村、安定和谐的好环境。10 年来，他们不懈努力、与时俱进，根据村里实际，有针对性地围绕班子建设、队伍建设、民主政治建设、党风廉政建设、各项规章制度建设、民主理财管理、村政管理、文化阵地管理等内容，相继制定了 8 大类、66 项规章制度，用制度施政，靠制度管人。从此，全村开始形成“以制度规范化管理——形成良好发展环境——推进经济社会快速发展”的良性循环。村两委班子领导还深刻地认识到，制度的效力重在执行。没有执行的制度就如同拔掉牙的老虎，没有威力。10 年来，他们克服重重困难，严格做到有章可循、建章必依、违章必究；真正做到制度面前人人平等，讲原则不讲情面，令行禁止，奖罚分明。针对村民反映强烈的村组织机构臃肿低效、中层干部人浮于事的“撞钟混饭”现状，2003 年，村班子领导果断整顿，制定《中层干部竞聘上岗制度》，进行精简机构，裁撤冗员。由村党支部、总公司两套班子组织评审，按需要职位定职数，按各部门需要定条件，注重学历、资格证书，以及个人日常工作表现择优录取。经过筛选考核，19 人顺利上岗。由于制度透明、公开、完善，不仅全村老少心服口服，落选的 10 名干部也没有怨言，真正实现了“上者服众，下者服气”。针对村民反映强烈的村干部缺乏出勤意识、群众有事情找不着干部的情况，村班子领导重新完善了干部考勤制度，加大违章处罚力度，规定村干部晚来、早走 5 分钟就扣半天工资，不论谁有事早晨 8 点之前必须请假。尤其是公司班子成员不请假，缺勤一天扣 1000 元。同时，推行连带责任，把责任追究到上一级领导。由各部门月底公布出勤情况。考勤制度的完善和执行，使村干部的自我约束力、责任感普遍增强了。不久前，有位村干部上班路上汽车“抛锚”，眼看要迟到，他把车停到路边一锁，打车准点儿到了单位。

这个村还注重村民素质的不断提升。通过建立完善《群众代表行为准则》《凌奥集团干部员工行为准则》《村民公约》等制度，对文明村民实行奖励，针对个别经常无理取闹、寻衅滋事的村民，按照规定停发其各项村民福利、春节慰问金。村班子还根据群众“凌庄子精神文明不能滞后”“群众文化要大发展”

的呼声，相继制定并执行了村文化阵地建设的5项制度，全村成立了凌奥健身队和凌庄子篮球队，组织村民开展多项文体活动，群众文化生活丰富多彩。2007年，凌庄子村首次参加李七庄街“创卫杯”广场舞比赛就拿了一等奖和最佳组织奖；在李七庄街“凌奥创意杯”篮球赛上，凌庄子又取得冠军。为确保各项制度执行有力、落实到位，村两委班子领导充分发挥老党员、老干部、村民代表作用，设立了“群众监督组”对村里制度执行情况进行全面监督、定期考评。

科学的制度，严格的管理，令凌庄子村发生了翻天覆地的变化，班子的凝聚力增强了，村民的素质提升了，经济社会发展了。10年间，全村物业面积由2003年的2.8万平方米增加到24万平方米，每年的租赁收入由2003年的202万元增加到2011年的4700万元，翻了23倍，连续多年获得全区纳税突出贡献奖。2007年，78户70岁以上的退休老人住进了由村里统一建设、分配的老人公寓，村民的退休金由2003年的每年2880元涨到现在的1.7万元，翻了近6倍。

◉ 群团组织

工会 2000年8月，村内第一届工会成立。2015年7月，凌奥集团召开第五次工会会员代表大会，民主选举产生第五届工会委员会。凌奥集团第五届工会委员会设主席、副主席各1名，委员3名。

工会内另设经费审查委员会、女职工委员会。

团支部 凌庄子团支部成立于50年代中期。“文化大革命”开始后，团支部停止活动。70年代初，通过组织整顿，村团支部得以恢复。1991年6月，团支部进行改选，设书记、副书记各1名，委员3名。2009年，换届选举，产生新一届团支部。2016年，村内有团员21名。

2013年3月，根据凌奥创意产业园入驻企业青年多的实际情况，成立第一届共青团凌奥工作委员会。凌奥团工委设书记1名，委员10名，协助党支部对园区和村内团员青年进行教育、培养与管理，开展团员青年工作。

80年代，村团支部积极发挥党的助手作用，不断创新青年工作。按照共青团西郊区

团工委获得上级奖励（2016年）

委的安排，开展创建优秀团支部、组织工作验收评比、颁发团员证等工作。开展“五讲四美三热爱”“争做四有新人”“学雷锋树新风”等活动。90年代，共青团工作进入规范化、整体化管理。

进入21世纪，村内共青团活动进入最活跃时期。2009年，团支部换届改选后，配合党支部开展为村里老人过生日、寻找凌庄子印象，参加李七庄街运动会、演讲比赛等各项活动，组织团员青年开展科普、社会主义核心价值观等宣传和义务劳动等志愿服务活动。2011年，团支部多次参加街、区团委组织的知识竞赛等活动，并两次获得二等奖。2012年，组织开展“凌奥杯青年歌手大赛”等适合青年人特点的文体活动，村团支部被西青区和李七庄街同时评为“五四红旗团支部”。西青区委领导，各区县、街优秀青年代表到村考察共青团工作，参加凌奥团工委启动仪式。陕西、张家口、上海等地共青团组织及青年创业就业促进会分别到村交流工作。与李七庄街团委共同举

团支部组织清卫（2006年）

团员开展志愿者活动（2016年）

办“美丽西青随手拍 青春建功展风采”手机摄影大赛。成功举办凌奥杯台球公开赛。2014 年 3 月，凌奥创意产业园团工委被天津共青团青农系统授予 2013 年度“三区联建”工作优秀团工委称号。11 月，被共青团中央首批命名“全国青年创业示范园区”。是年，共青团广州市委考察团到园区就青年创新创业工作进行参观考察与座谈。社会党青年国际联盟副主席萨缪尔·穆伊兹，社会党青年国际联盟副主席、格鲁吉亚社会党青年组织秘书长阿娜·珀斯卡拉瓦等一行到园区考察团组织建设工作。2015 年“8·12”天津滨海新区危险品仓库爆炸事故发生后，组织团员青年自愿捐款，为抗灾一线消防官兵购买特种防毒面罩。在创建全国文明城区活动中，团员青年多次利用业余时间下户宣传。凌奥团工委组织西青杰斯少年足球队，代表天津参加首届“坤乐杯”京津冀地区青少年足球邀请赛。

2016 年，根据中共西青区委组织部及区街团委的要求，完成对全村 18 ~ 25 周岁青年基本信息调查登记，团员在创建文明城区的志愿工作中服务到位，成绩突出，被共青团天津市委评为“天津市优秀青年志愿服务集体”。在团西青区委指导下，村团支部与河北衡水驻津团工委、廊坊驻津团工委携手组织 20 多名创业青年参加创业交流会，促成中环信息与脉络生物成功合作。与团西青区委、团平凉市委共建创新创业基地，举行授牌仪式，约定平凉市的青年创业者来园区创业会得到一系列免费服务。

妇联会 1949 年 3 月，村妇女代表联合会成立（下简称妇代会）。此后随着形式的发展，妇女组织不断更新。1991 年 6 月，村妇代会进行调整，通过选举，产生新的妇代会主任和副主任。

2008年，妇代会举办庆祝“三八”妇女节活动

新中国成立后，妇代会积极宣传，教育妇女关心集体，关心国家，遵守法律，积极认购公债，学习文化，学习毛主席著作。70 年代，积极宣传“晚婚、晚育”、破旧风俗、立新风尚。组织妇女学习新法种植技术，积极参加学大寨运动。80 年代，开展创建“五好家庭”系列活动，号召妇女走劳动致富路，鼓励妇女搞多种经营。1991 年，“双学双比”竞赛活动在妇女中进行，组织妇女学文化、学技术，讲文明、讲道德，尊老敬老。

进入 21 世纪，村妇代会建立“半边天家园”，开展妇女维权、保健知识的讲座、宣传等活动；“半边天家园”接受区妇联检验，“妇联基层组织建设示范村”活动验收合格；开展以“家系列”为主题的“平安家庭”“绿色家庭”评选活动等。其中有 1 户入选西青区低碳时尚家庭，有 8 户入选为李七庄街“最洁家庭”。在“十大优秀母亲”评选活动中，村民郭德霞被评为西青区“十大优秀母亲”。2011 年，与区妇联、旅游局、商务委、知识产权局等单位共同举办“凌奥杯”西青区第一届手工编织制品创意设计暨旅游特色商品设计金点子大赛。村妇代会在区妇联和街相关部门的验收中被树为标杆单位。

2013 年始，对妇代会组织网络进行重新调整，将全村妇女分为三个层面，5 名委员分别管理 6 名网络小组长（30 名），每名组长负责管理 50 名左右妇女。举办第一届新媳妇培训活动，组织 50 多名女党员、妇女小组长、女骨干、女员工、女干部参观民情馆、杨柳青年画剪纸和区妇女创业就业中心，组织交流体会，激发妇女为村政建设贡献力量的积极性。

2014 年，组织、发动、教育和引导妇女积极参加“美丽天津、美丽家园、美丽女性”主题实践活动。围绕家庭文化创建，举办和谐家庭大讲堂、国学大讲堂、文明家庭、平安家庭评选、新媳妇培训班，围绕发挥优势、服务妇女，开展巾帼建功、大型相亲会等多项独具特色的活动。推举出郭德霞、林树田等先进典型。

2015 年，全村有妇女 1475 名，创意产业园从业女性 3000 余名，聚集大量高学历、高收入、高素质的“三高”白领。据此，将村妇代会改建为凌奥集团妇女联合会。10

2014年，举办国际妇女节招待会

2014年，村妇代会举办“和谐家庭大讲座”

月10日，西青区第一个园区妇联会——凌奥集团妇女联合会第一次妇女代表大会举行。采取无记名投票和等额选举的方式，选举产生第一届执行委员会委员11名。第一届执委会第一次会议选举产生主席1名、副主席2名。

凌奥妇联成立后，对园区妇女工作和村妇代会工作加强统一管理，村妇代会就此撤销。2016年，全村有妇女1850人，园区企业有妇女3000余名。在妇女群体中，开展多项文体活动、健康大讲堂、健康筛查、新媳妇培训等。凌奥众创空间被评为天津市妇联创业示范基地，凌奥妇联被天津市妇联授予“津帼众创空间”。

村民自治

村政组织

农会 1948年境内解放，村内先后建立农会、村公所、村政府。新中国成立初期，村内建立农会组织。农会是土改运动中农民当家做主人的一次尝试，建立初期称农会，土改定成分后称为贫下中农协会，是村一级政权村公所、村民委员会组织的前身。50年代初，围绕土地改革运动，成立村代表会，民主选举村政权，称为村政委员会或村政府。

村委会 1955年成立初级社，次年成立光芒万丈社（高级社）。之后，成立人民公社，设立联村队，凌庄子村分为4个生产队，编号为8~11队。1962年联村队解散。

1963年1月，实行人民公社、生产大队、生产队三级所有为基础的管理体制。凌庄子村设立生产大队管理委员会，生产大队管委会由大队长、副大队长、妇女队长、会计、出纳组成，下设4个生产队队委会。

1968年2月，各人民公社建立革命委员会。凌庄子成立革命委员会。至1970年，生产大队下设旱田队、园田队、渔业队、副业队、瓦工队等专业队。

1975年，恢复1个生产大队、4个生产队建制。

1980年4月，撤销人民公社革命委员会建制，凌庄子生产大队革命委员会也随之改组为农业生产联合社。

1983年6月，李七庄人民公社管理委员会改建为李七庄乡政府，村农业生产联合社改建为村民委员会。

1984 年，村全称为天津市西郊区李七庄乡凌庄子农业生产联合社，村级组织开展财经业务、村政事务和其他需要用章时，使用此章。

1987 年 11 月,《中华人民共和国村民委员会组织法（试行）》颁布后，村基层政权建设走向法治化。

1989 年 11 月，村委会由 4 名委员组成。

1996 年，凌庄子村农工商总公司成立，农业生产联合社随之撤销。

1997 年，首次由村民选举产生的村委会由 5 人组成，其中 1 名主任，4 名委员。

2003 年 6 月，村委会换届，党支部书记兼任村委会主任，设委员 4 名。

2006 年 6 月，新一届村委会由 5 人组成，设主任 1 名，委员 4 名。

2009 年和 2012 年村委会换届，1 名主任、4 名委员均为连选连任。

2015 年 2 月，村委会再次换届。新一届村委会设主任、副主任各 1 名，委员 1 名，另设主任助理 1 名。

附 2：村民小组

1989 年，全村分为 12 个村民小组。其中一组、二组均为 95 户，三组 90 户，四组、五组均为 70 户，六组 50 户，七组、八组均为 90 户，九组 100 户，十组 80 户，十一组、十二组均为 60 户。各村民小组设组长 1 名。1994 年，村民小组调整为 9 个。2016 年，全村设 4 个村民小组，其中一组 328 户，二组 308 户，三组 294 户，四组 291 户。

村务监督委员会　90 年代初，村内建立民主理财小组。2003 年始，村内监督组织不断完善。先后设立民主理财小组、党支部监督组、集团公司监事会、村务监督委员会等监督组织。2016 年，村党支部监督组成员 5 名，组长由党支部副书记兼任；民主理财小组成员 5 名，组长由 1 名村委会委员兼任；集团监事会由 5 名成员组成，1 名老党员任组长；村务监督委员会成员 11 名，设主任 1 名，由党支部副书记兼任。这些监督组织除对党务村务进行日常监督外，自 2014 年起，每年利用 2 天时间集中对全村整体工作、集体资产进行一次全面审核。

2016 年，村务监督委员会委员有 11 名。

红白理事会 2004年，村白事理事会成立，由3人组成，设会长1名，村集体出资购置帐篷和灶具，由理事会操持丧葬事项，为丧主提供服务。2016年，红白理事会由9人组成，设会长1名，副会长2名，成员6名。制定实行《凌庄子村红白理事会管理制度》，规定理事会由村民民主选举产生；其成员必须是热心服务于村民，在村民中有威望、有影响、责任心强；理事会成员必须带头执行理事会章程和关于婚丧嫁娶管理制度，严于律己，积极负责，秉公办事，不参加请吃，耐心、细心服务，切忌简单从事，要时刻维护群众利益；理事会成员要经常学习有关政策、法规，划清健康习俗与陈规陋习的界限，使红白事向健康、文明、节俭的方向发展，促进精神文明建设。

民主法治建设

普法 五六十年代，村内普法教育以参加集训、召开会议、利用土广播、黑板报、张贴标语等形式，宣传贯彻《中华人民共和国宪法》和《中华人民共和国婚姻法》等重要法律，促进村民树立基本民主法律意识。

80年代，学习宣传《中华人民共和国宪法》《中华人民共和国婚姻法》《中华人民共和国经济合同法》《中华人民共和国土地管理法》等活动持久开展，普及基本法律知识，建立民事调解委员会并发挥其作用，对稳定社会秩序、促进经济建设起到积极作用。

凌庄子村获天津市2008年度民主法治村称号

1986—2000年，第一个五年普法教育规划和“二五”“三五”普法教育相继开展。其间，村治保委员会、村民理事委员会、民主理财小组相继建立，发挥出各自作用。

进入21世纪，学习宣传《中华人民共和国宪法》和国家基本法律及与村民生产、生活密切相关的法律法规知识，提高村民的法律素质。2003年6月始，对违章建筑不断加大治理力度，先后拆除违章建筑56间、1366平方米。围绕村集体经济发展和社会生活中的突出问题以及村民关心的热点、难点问题，制定为民办实事计划，逐项加以落实，初步形成稳定、和谐的局面。2006—2008年，凌奥集团公司设立综合治理办公室，制定“五五”普法工作规划，使普法工作有序进行。在村域内及各住宅小区设立宣传橱窗，定期更换宣传内容。2005年，拆除违章活动房13间，拆除违章建筑21间，建筑面积233平方米。2008年9月，被天津市依法治市领导小组评为天津市“民主法治村”。

2009 年，签订学法、平安家庭和防止硫化氢中毒责任书。对村内流动人口和租房情况、刑满释放人员、吸毒和贩毒人员、非法传销人员等进行摸底调查。

2010—2016 年，利用村民学校、村民服务中心、半边天家园等载体，采用多种教育形式开展法治宣传教育。利用法治宣传专栏定期刊出与村民切身利益密切相关的法律法规、案例，在村民学校定期进行法律宣传与辅导。组织党员、群众代表、妇女、团员青年、志愿者队伍等，针对辖区村民实际情况，有的放矢地开展法治宣传教育活动。引导村民养成遇事找法、解决问题靠法、严格依法办事的良好习惯。根据形势和村民需要，开展群众喜闻乐见的法治教育活动。发挥民兵应急分队、志愿者队伍、小区监督组作用。2010 年，被西青区政府评为“五五”普法依法治理先进集体。

选举 新中国成立后，村民选举产生农会、村政府等自治组织。1988 年，《中华人民共和国村民委员会组织法（试行）》颁布后，村内建立首届村民委员会。1997 年始，每三年进行一次换届。改变此前村党支部换届时，先由乡（街）党委派人通过与党员座谈、考察提出候选人，乡（街）党委经过研究讨论确定候选人，再由村全体党员大会等额选举产生，新当选的党支部委员选举产生书记、副书记的模式。2003 年，李七庄街党委在凌庄子村首次实行“双推直选”，进行党支部换届选举。即由 5 名以上的党员、选民直接推荐党支部书记、委员候选人，街包村干部和村选举委员会根据被推荐候选人得票数按差额比例提出初步候选人名单，提交街道党委研究审批确定新一届党支部候选人预备人选，预备人选在村党员大会酝酿通过后，确定为正式候选人，然后提交全村党员大会进行无记名投票选举。

决策 2003 年，村内开始实行由党支部扩大会、党员和群众代表大会（以下简称“两会”）讨论决策村内重大事务。党员群众代表的产生方式为：采取党支部在村内党员及有威望、有责任感，爱护集体、敢于维护集体利益，关心集体事业、维护大局的人员中提名和村民自荐及推荐方式，党员大会表决后村内公示 7 个工作日，并设立举报电话，无异议后履职。随支部换届，每三年改选一次。届内召开“两会”24 次，审议表决议题 105 项，涉及村内建设项目、住房改造、民计民生、党建工作等方面，修改、制定以加强村两委会班子建设、干部队伍管理为主要内容的 5 项规章制度。

2006—2008 年，新改选的党员群众代表大会代表增加到 100 人。村制定《群众代表大会实施办法》，规定每季度举行一次村民代表会议。届内召开“两会”38 次，讨论审议通过议题 95 项，涉及村民住宅建设、村民福利、创意创业产业园及重点工程建设、党务村务等内容，完善和制定关于民主决策、民主管理、民主监督、班子及干部队伍建设等方面规章制度35项。

2009—2011年，在村委会换届的同时，第二次改选群众代表大会代表。2009年12月，凌庄子村委会被市农委授予天津市“农村财会管理先进集体”称号。届内召开“两会”48次，讨论审议通过议题110项。涉及党的建设、制度完善、村民福利、经济发展等方面。

2012—2014年，第三次改选群众代表大会代表，代表人数44人。自2014年起，村监督委员会对村集体资产及全面工作进行逐项审核。届内召开“两会”64次，讨论审议通过议题120多项，涉及党建工作、村政管理、经济发展、村民待遇等方面。各项规章制度进一步完善，共8大类76项。

2015—2016年，群众代表43名，召开“两会”28次，审议表决议题75项，涉及村建设项目、小区提升改造、民生、各项管理制度的修改完善、党建工作、组织发展、股份制改革、户口冻结等内容，始终保持六步民主决策法有效运行。

监督 1991年6月，凌庄子成立村级和村办企业两级民主理财组织，设立村民理事委员会。

2003年，新一届两委会成立后，制定《村规民约》《村民自治章程》和三年任期目标规划，选举产生村务监督委员会、民主理财小组、村民小组长等。建立完善村委会工作制度和议事规则，实行民主监督。2005年，制定并实行《民主理财制度》，明确村务监督委员会，主要履行监督职责，享有知情权、质询权、审核权和建议权。2009年，创新监督组织工作办法，监督委员会成员由20人增至30人，每项工作都由特设人员专门负责，有专职人员跟进，保证村务公开透明。村两委会坚持“凡是村民关心的、想知道的、有疑虑的”都要“下情上传”总原则，认真开展工作。涉及村集体的经济发展，从项目审批、招标、决算到分配价格的决定等，村务监督委员会都全程参与，认真监督，交给村民一本“明白账”。

2013年始，村务监督不断扩展，设立小区事务监督组，实现小区物业规范化管理。村每年邀请村务监督委员会成员对村整体工作审查一次，村班子成员带领监督员通过实地查看和审核账目、报表资料，对全村物业资产、凌奥集团发展情况、集团资产账目，以及村务、党务逐项清查核对，村两委班子成员以及集团各部门负责人对他们提出的质询和问题进行解答和汇总。需要整改的，由党支部拿出整改意见，召开支部扩大会、全体党员群众代表大会讨论通过后进行集中整改。全部问题整改完毕后，再次召开党员群众代表大会，汇报整改情况。

2014 年 4 月，由村监督委员会牵头组成资产联合监督审核小组，对村所属物业资产进行全面审核。对发现的 37 项问题，以“现在谁主管谁负责，原来谁主管谁配合”为原则，逐条对问题进行分析并制定解决办法，为集体挽回经济损失 100 多万元。在 2015 年村务监督审查专题会上，40 多名村务监督员针对 72 处房产、45 万平方米物业资产进行审核，提出整改问题 30 多项。整改问题被逐一分派给村两委班子成员及集团部门负责人，责成在 1 ～ 3 个月内把问题解决。是年，村监督委员会监督职责范围扩展到两委会工作全领域，每个月监督委员到村委会听取村务工作汇报，提出问题与建议。

2016 年 10 月，村党支部委托村监督委员会对村整体工作及固定资产进行全面审核检查，对全村固定资产进行实地查看，了解房屋出租及空置房情况。将监督组成员分为 8 个小组，按照集团各部门分管经理汇报的工作明细对 98 卷、78 册文字档案进行核实、审查，发现 5 项问题。集团结合自查中发现的问题，指导有关部门对全部 18 项问题进行逐一整改。

链接：天津市西青区凌庄子村　村里事村民说了算 ①

“咱们村的老年公寓建的怎么样了？工程进度如何？”天津市西青区李七庄街凌庄子村务监督委员会成员陈大爷在“村务监督组织对村整体工作监督审查专题会”上向本村的两委会班子提出了质疑。随后，村里负责此项工程的工作人员向村务监督委员会成员们做了相关的汇报，并带领着他们深入施工现场进行实地考察，了解工程近况。

长期以来，李七庄街凌庄子村不断加强村基层民主管理和民主监督，2005 年成立村务监督委员会，负责对村务公开工作的监督。还在此基础上进行了完善，并紧紧围绕党员和村民群众关心的热点、难点和重点问题，进行全面公开、主动公开。这一转变如一股清风吹进了凌庄子村党员群众的心坎里，同时也在凌庄子村的村干部心里筑起了一道阻隔腐败的“防火墙”。

① 作者：蔡莹莹、曹静、刘忆敬，原载 2016 年 1 月 8 日《天津日报》。

村务监督交给村民一本“明白账”

据了解，该村的村务监督委员会成员都是思想开放、见多识广的村民、老干部、老党员，其中也有普通的村民，还有在凌奥集团工作的年轻人。他们主要履行监督职责，享有知情权、质询权、审核权和建议权。主要任务是对日常村务公开情况进行监督，对村委会决策进行监督；听取和收集村民的意见建议，及时向村两委会反映；支持村两委会正确决策，并向群众解疑释惑；纠正村委会违法违纪行为并向纪检部门报告村委会违纪问题等。

从2005年，凌庄子村实施村务监督组织管理后，不断创新监督组织工作办法，监督委员会成员也由20人上升至30人，每一项工作都由特设人员专门负责，都有专职人员跟进，保证村务公开透明。他们坚持“凡是村民关心的，凡是村民想知道的，凡是村民有疑虑的”都要“下情上传”的总原则，认真开展工作。涉及村集体的经济发展，村务监督员们从项目审批、招标、决算到分配价格的决定等，村务监督委员会都全程参与，认真监督，交给了村民一本“明白账”。

胡俊田是李七庄凌庄子村的一名老党员，2005年退休后成了凌庄子村务监督委员会的监督委员。在这个岗位上，老胡工作了近10年，由他监督的职责范围由当初的村政工作扩展到党建、招商、收费等大小8项工作。每个月，他与其他委员都要到村委会听取村务工作汇报，并且提出自己的问题与建议。

“去年我们通过监督审查发现村72个资产项目中存在30多个问题。其中就包括租赁面积不符合的问题。比如金谷园附近有一个我们租赁资产，本来租给这个商户有3000多平方米，但是经过我们实地审查，发现他们自己又私自扩出来700多平方米，这部分就属于违建范围，这对全村的经济就是一个损失。”老胡对记者说。发现问题后，老胡与其他成员第一时间将问题反映给村委会。村委会了解情况后，交由村委会工作人员负责具体协调并实地测量后重新签订了合同，并且按照实际面积让租户补交了租金，随后召开了监督工作会和党员群众代表大会通报处理结果，使老胡他们得到了满意的答复。

审查监督　查漏补缺促发展

记者在采访中了解到，凌庄子村每年都会定期召开“村务监督组织对村整体工作监督审查专题会”，主动邀请村务监督委员会的成员们前来审查监督，今年已经是第三年了。凌庄子村党委书记赵光勋说：“我们利用两天的时间，带着这些监督员实地查看全村的物业资产以及凌奥集团发展情况，并把全村一年的村务、党务、集团资产账目各项管理等报表资料准备齐全，方便监督员们进行翻阅审查。在此过程中，监督员针对实地考察以及全村工作98卷、85册的文字资料进行审查，并对发现的问题提出质询，我们村两委班子成员以及集团各部门负责人会对他们提出的质询和问题进行解答和汇总，需要整改的地方会集中汇总后，再次召开会议进行汇报，监督员集体签字后由党支部拿出整改意见，召开支部扩大会、村全体党员群众代表大会讨论通过后进行集中整改。待全部问题整改完毕后，再召开党员群众代表大会，汇报整改情况。”

“群众想看什么，我们就要主动、全面地给他们看，我们越是藏着他们就越怀疑”这是赵光勋书记经常挂在嘴边的话。凌庄子村由一个贫穷落后村到现在的经济、社会、文化各方面都走在前列的新农村，他们尝到了村务公开和村民自主监督的甜头。“我们村两委班子变被动为主动，主动把‘家底’晒出来，把村务摊到群众眼前，欢迎大家来‘找茬’。只有这样才能创新工作思路，我们这个村才能继续发展下去。而且我们还通过广泛宣传、教育、培训，使广大党员干部克服思想顾虑，主动并积极配合村务监督委员会的监督，切实为村务公开、民主管理工作奠定坚实的思想基础。”赵书记说。

据了解，在今年的村务监督审查专题会上，30多名村务监督员针对72处房产45万平方米物业资产进行审查，共提出整改问题5项。这些整改问题已经被逐一分派给村两委班子成员以及集团部门负责人，他们则会在1~3个月内，把这些问题圆满解决。而这些问题的解决，则使凌庄子村在制度管理、经济发展等诸多方面得到进一步完善。整个凌庄子村就如同一艘大船，村务监督委员们就如同船上的维修技师，他们在反反复复检查和查漏补缺中维护着这艘大船的正常运转。

阳光政务　轻装上阵谋发展

在采访中，村民普遍反映，村民监督委员会成立后，基层政务成为阳光政务。村民反映问题的渠道通了，解决问题的效率高了，对干部的误解少了，气也顺了。村里的刘大爷笑呵呵地说：“村务监督委员会真正让我们村民说了算了，他们是我们的眼睛，是我们的传声筒，有了他们，我们的‘家底’会越来越厚，我们村也会越来越和谐，大家拧成一股劲，奔着好日子努力！”

许多村干部则表示，村里各项事务有人监督和证明，让干部少了一个包袱，多了一份责任，干事的劲头更足了。

“村务监督委员会的意见和建议，为村两委的民主决策提供了借鉴和参考。村两委非常尊重村务监督委员会的意见和建议，坚持做到群众要求的积极做，群众同意的认真办，群众想不通的缓办，涉及村民切身利益的事项及时召开群众代表会议或全体村民大会讨论决定，村上主要领导碰头决定或少数人研究决定的做法已经行不通了。”该村村务监督委员会主任赵万霞对此感受很深。

有了村务监督委员会，村级管理的民主化、科学化水平明显提升，事前与村务监督委员会商量，事中请村务监督委员会监督，事后向群众公开，已成为村两委会工作必须养成的习惯和遵守的制度。同样，这也使村务公开更加透明化、制度化，真正做到了在“阳光”下行使权力。村里无论大事小事，都要召开村民大会、村民代表会议、党员大会，与群众商量，征求大家的意见和建议。谁对公开的事项不明白，可以请村务监督委员会解释，也可以到村里询问，真正做到了群众明白，干部清白，最终也推动了村里集体发展。2015 年，凌庄子村集体总收入达到了 1.43 亿元，村民待遇也不断提高，订立了包括春节慰问金、待业费、退休费、老人房、学生补贴、村民物业费、养老保险、医疗保险、为退休老人及独生子女户育龄妇女免费体检、为 80 周岁以上老人过生日送蛋糕拍生日照片等多项惠民政策，使凌庄子村老百姓的生活上了一个新台阶，凌庄子村也进入了良性发展的快车道。

村务公开

村务公开内容　1998 年，村委会根据新颁布的《中华人民共和国村民委员会组织法》，实行村务公开制度。2002 年春节前，村委会公布 2001 年度村里的财务收支情况和房地产开发情况：全村年收入 767.57 万元，其中租赁收入 217.58 万元，其他收入 549.99 万元；总支出 599.99 万元，其中管理费 300 万元，办公费 12.69 万元，电话费及服务费 8.12 万元，工资 53.7 万元，汽车维修及油耗等 61.96 万元，物业维修 7.28 万元，电工及村内维修 57.36 万元，其他 98.88 万元；其他支出 330.47 万元，其中招待费 30.9 万元；本年收益 137.08 万元。这是村内第一次进行村务公开。

2003 年，新领导班子上任后，在党员群众代表大会上将村里的实底进行公布。此后，长期坚持以公开栏、召开会议等形式每半年公布一次财务、村务情况，将财务收支、计划生育二胎审批、土地承包、项目开发、村政建设、承包企业和租赁企业收缴承包费和租赁费、招待费支出、国家征占土地的补偿费及使用、债权债务、任用工作人员情况以及其他群众普遍关心、关注的热点问题作为村务公开的主要内容。公开形式主要有党员大会、群众代表大会、公开栏、电话、公开信等。每年 7 月 1 日至 20 日为上半年村务公开日，次年的 1 月 1 日至 20 日为全年村务公开日，重大事项和热点问题可随时公开。是年，补充完善《村务公开制度》，村务严格按照规定的程序进行公开，村务公开严格按照规定的时间进行，属于正常工作的，每季度进行一次全面的公开，遇有临时性工作的随时公开。加强村务公开监督，采取内部监督和外部监督相结合的方法，开展民主议政日，党员、村民代表质询日等活动，多层次、多形式地进行监督，坚持决策过程公开。重大事项决策前广泛征求方方面面的意见和建议，反映群众的真实意愿和要求。在落实涉及全村利益的重点工作中，随时将进展情况和遇到的问题进行公开。及时将公开资料存档，按规定填写《西青区村务公开工作手册》，对公开栏张贴的内容进行拍照存档。

2014 年，建立村务公开电子智能查询系统，扩大村务公开内容，村民们可以利用智能查询系统实时公开透明地了解村里基本情况、规章制度、党务、村务、财务公开情况和村民福利待遇等情况。

工作人员操作村务公开平台（2016年）

2016 年，村务公开内容进一步扩大，范围涉及党建、部门工作、政策法规、村干部考核、村民代表考核、财务收支、福利费发放、户口管理、环境治理、档案管理、制度执行、获得荣誉、股份制改革、招商及园区管理、企业运营、空置土地、项目进展等 17 项。村务公开交给村民一本“明白账”，基层政务成为阳光政务。疏通

凌庄子村触摸查询系统

村民反映问题的渠道，提高解决问题的效率，减少对村干部的误解，增强责任感，真正做到群众明白，干部清白，推动村集体经济与各项社会事业健康发展。

村务公开查询系统 2015 年设立，位于创意产业园展览大厅。内容包括村庄简介、党建工作、村务公开、管理制度、财务公开、村民福利待遇、建设项目及工会、共青团、妇联会、民兵连工作，党支部扩大会议题及表决情况、党员群众代表大会议题及表决情况等。村民输入村委会向村民公开的密码，打开电子触摸屏后，可以了解村内全面情况，从党务、村务管理到每年村中收入、支出、福利待遇、相关决策等信息，都可以在这里一览无遗。集团党建办负责触摸屏系统内容的更新与管理，使村民可以随时查看系统内的实时信息，村民心中有任何疑问，都可以在这里得到答案。

2016 年，村民个人公开信息也能在触摸查询系统中查到。

2011年，凌庄子村福利分房抓阄仪式现场

村民生活

1948年天津解放后，村民开始摆脱“糠菜半年粮”的穷苦生活。社会主义建设时期，村民主要收入来源系生产队统一分配，生活水平逐步提高。改革开放后，村民的婚姻家庭、物质和精神文化生活发生根本性变革。进入21世纪，家庭的主要经济功能由主要的生产单位变为以消费为主，村庄整体融入大都市。村民主要收入来源发展到主要以工资、退休金、财产性收入为主，平均年收入5万余元。养老保险、医疗保险及多项福利均由村集体支付。2016年，村集体总收入2.3亿元。村民物质生活富足，幸福指数不断攀升，消费水平及方式发生历史性变化，精神文化生活出现质的飞跃，总体生活模式与都市无异，并且在分房、消费、福利等多个方面还要优于都市居民。

◉ 家庭婚姻

家庭 1949 年之前，家庭依父系血缘而立，父母在世，兄弟婚后仍在一起生活，故多为多人口家庭，多的达数十人。50 年代，三代同堂占总户数的 86.5%，一般家庭人口在七八口人。六七十年代，多代户开始下降，一般家庭为五六口人。八九十年代，绝大多数家庭为二代同堂户，人口四至五人。进入 21 世纪，三口之家占总户数的 90% 以上。2016 年，全村家庭户均为 2.67 人，不足三口，父母和未成年子女组成的家庭成为主流家庭。

婚姻 50 年代，随着新中国第一部《中华人民共和国婚姻法》颁布，村民最低结婚年龄为女 18 周岁，男 20 周岁。六七十年代，婚姻的组成多为经人介绍，自由恋爱结成婚姻者极少。八九十年代，国家推行晚婚政策，结婚年龄多在 23 ~ 25 岁。进入 90 年代中期，晚婚风气逐渐形成，青年男女多在 25 周岁左右结婚。自由恋爱结成夫妻的大为增加。随着女性教育程度、经济地位不断提高，传统的“男主外、女主内”观念已被完全推翻。21 世纪，随着改革开放的深入，人们的择偶、婚姻质量、婚姻理念发生很大变化。普遍自主确定择偶对象，家长的意见只供参考。自主恋爱、互联网、婚介、亲

村健身舞队进行表演（2015年）

戚朋友介绍等多样化的择偶方式，对爱情与婚姻质量的追求，使婚姻生活更加丰富、多元。婚姻中男女更加平等，丈夫与妻子共同承担家庭义务。同时，结婚费用不断攀升。到 2016 年，村内男青年结婚费用在 20 万元左右（不计楼房、汽车）。

生育　60 年代前，村内人口生育处于自然状态。70 年代始，计划生育政策逐步落实，人们的生育观念发生明显变化，人口自然出生率大幅下降。进入 90 年代，一对夫妇只生一个孩子已经普遍被人们所接受。随着生活水平和文化素质的提高，越来越重视幼儿教育，采取优育措施，定期给新生儿接种疫苗及采取科学的保健措施，使婴幼儿健康成长。2015 年，天津市放开二胎生育政策后，村中约 50% 左右的夫妇计划生育二胎。2016 年，村内 20 对夫妇退掉原来已经批准的二胎生育指标。

赡养　五六十年代，村内老人的赡养主要采取儿女分担赡养方式。对于村内缺乏劳动能力、生活没有依靠的鳏寡孤独社员，采取村集体供给、分散供养和亲属领养两种形式，在生活上给予照顾，做到保吃、保穿、保医、保住、保葬（孤儿为保教）（简称“五保户”），生养死葬有基本依靠。

1980 年，村里探索社会帮扶、家庭赡养新方式，实行集体发放退休金及其他福利制度：凡男年满 60 周岁、女年满 50 周岁村民，每月从村里领取 15 元退休金。后退休金额逐年增加。

21 世纪初，村里大多数 70 岁以上老人搬进免费老年公寓。2009 年开始，老年人每月领取退休金 2000 元，不再主要依赖儿女们物质上的赡养。2016 年，退休村民除每月可领取退休金外，还有中秋节、端午节和春节慰问金，足能维持老年人生活。许多老人还可以将剩余金钱补贴给儿女日用，出现另一种形态的“啃老”。

◉ 收支储蓄

收入 建村后，多数农民家庭土地很少，有的甚至没有土地，靠抓鱼摸虾、驶船装卸维持生活，收入微薄。

解放后，通过土地改革，实现“耕者有其田”，村民生活安定，家庭收入不断提高。50 年代初期，除耕种土地外，村民主要靠利用村周围洼淀多、坑塘多、水多的优势养鱼捕鱼，利用木船往市中心运输货物为生活来源。1956 年，实行农业合作化，农民家庭收入主要依靠集体经济。1958 年，人民公社成立后，社员在生产队参加生产，每人每月可领到 3 ~ 6 元生活费。60 年代初，实行“三级所有、队为基础”管理体制后，夏秋两季按定量分给农民基本口粮，其余粮食上缴国家，年终按工分给社员分红，一般家庭可分得数十元。1964 年，全村人均收入 66 元。70 年代，经济有所好转，村民收入增加。

1978 年，全村年终现金分配 39.89 万元。参加分配工分 264.86 万分，平均分值 0.15 元，劳动日值 1.4 元，人均纯收入 304 元。1984 年人均纯收入为 633 元，7 年中平均每年增长 15.46%。1985 年，全村人均纯收入达到 815 元，比 1984 年增加 28.75%。至 1995

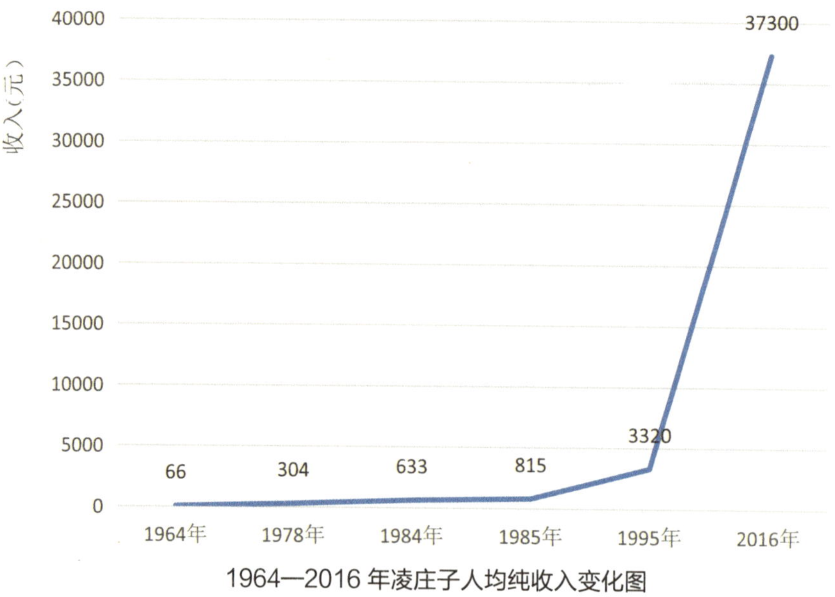

1964—2016 年凌庄子人均纯收入变化图

年，农民人均纯收入 3320 元，以每年 28% 的速度递增。21 世纪初，城市扩张征用村内 90% 土地及集体房产，村民土地收入锐减。2003 年始，村民家庭收入大幅度增加，年收入赶上甚至超过市民。2016 年，村民人均纯收入 3.73 万元，村民以村内企业工资收入，村内发放退休金、待业费、各种补贴、财产性收入成为主要来源。

口述：村民脱贫过好日子

直到 70 年代，凌庄子村村民依然没有“脱贫”，尽管那时村里已经有了好些小工厂，但队里的“分值”还是很低。年终决算下来，没有老病拖累的全劳力家庭可以分得一两百元，更多的农户是“倒挂户”：或是因为老少拖累多；或是因为身体有病干不了重活儿，决算结果是倒欠队里的钱。

改革开放以后，凌庄子村的年景越来越好。尤其是 2003 年后的十几年，凌庄子一跃成为享誉天津的经济强村，真是村民以前做梦都不曾想过的事情。

刘仲才（74 岁）

支出 解放以前，多数农民家庭过着“自给自足”式的生活，消费水平很低，吃的主要是土地出产，穿的是补丁衣服，住低矮狭窄的土坯房，外出靠步行。

新中国成立后，家庭收入提高，消费水平有所上升，穿衣由过去几年添置一件新衣服，变为一年能买一至两件。60 年代末，多数家庭购置自行车。70 年代，青年人结婚会添置自行车、手表、缝纫机“三大件”，成为家庭的大宗支出。80 年代，“三大件”变为彩电、冰箱、收录放机，支出大幅增加。90 年代，生活支出大幅增长，消费水平接近市民。21 世纪初，村民搬进住宅楼，主要支出为家具、电器和生活用品，其中大宗为男

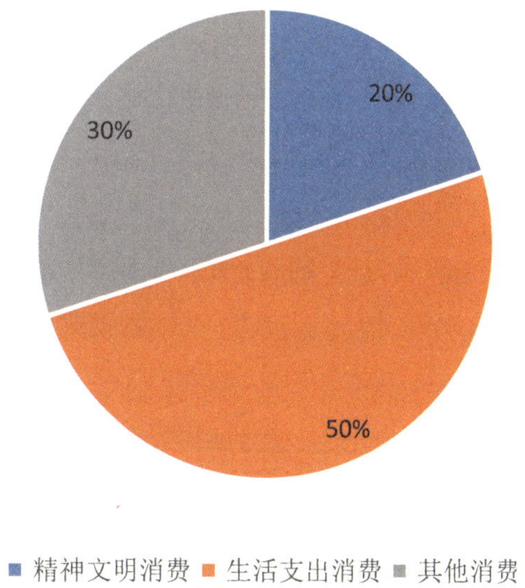

2016 年凌庄子消费支出占比情况

子结婚和购买小轿车。

2016 年，人均生活支出 2 万元，其中衣食住行支出人均 1 万元。全村拥有轿车 850 辆，户均 0.7 辆。文化教育、休闲娱乐、艺术欣赏、度假旅游以及享受服务性消费等精神消费约占消费总额的 20%。

储蓄 解放前，多数农民入不敷出，家无积蓄。新中国成立后，农民收入提高，部分家庭开始有积蓄。1953 年，农村信用合作社吸收农民入股，后将富余的钱存入信用社，成为村民的储蓄方式。六七十年代，农民家庭收入主要靠生产队年终现金分配，人口少、出力多的家庭除留一部分现金用于日常生活外，其余现金存入信用社，但储蓄数额不大，多为活期存款。1985 年始，村民收入有较大增加，储蓄额提高，定期存款额逐渐多于活期存款。是年，家庭人均储蓄 95 元。1990 年，人均储蓄 530 元。2016 年，人均储蓄 5 万元。

衣食住行用

衣着

服饰 清末及民国时期，平民多穿棉布衣服，均系自己裁剪、缝制。颜色多为冬黑蓝，夏白灰，年轻妇女和儿童穿着较鲜艳。民国以前土布居多，民国以后渐为洋布，富家多用绸缎料。

冬季为棉裤棉袄，裤腰齐胸，用宽大的布腰带一系，裤腿用棉布绑腿，棉袄男为直襟，疙瘩袢，女为斜襟偏疙瘩袢。富者和教书先生裤褂外罩长袍，谓“长袍马褂”。夏季男子多穿单裤、单褂、背心、裤衩，女性穿水裤单褂。无论男女老幼一年四季都戴兜兜，即肚兜。春秋季男女老幼则都穿夹裤夹袄。

新中国成立初期，服饰无大变。面料则渐从平纹布变为哔叽、斜纹、单双面卡其、华达呢、平绒、条绒等。青年时兴穿学生服，偶尔有穿列宁服、中山服。“文化大革命”期间一度崇尚军便服，面料也以的确良、涤卡等化纤织物为主。

改革开放后，男女服装的品类款式及面料逐日新潮化、高档化。不同性别、不同年龄、不同职业的人，根据季节和爱好，穿用喇叭裤、牛仔裤、港式筒裤、中山服、制服、学生服、西服、运动服、夹克衫、皮夹克、拉链服、毛衣、毛裤、羽绒服、呢绒大衣、裘皮衣裤。女式服装变化很快，长短裙、一步裙、套裙、斜裙惹人注目。进入 21

世纪，男女青年衣着款式与城区青年无甚区别，个性逐渐演变为张扬，大部分已经从保守阶段转变为跟潮流、追时尚。服饰颜色也从以前的单调而趋于丰富，进而色彩浓艳甚至五彩斑斓。

饰物　解放前，年轻已婚妇女有佩戴金银手镯、耳环、戒指，儿童有佩戴金银或包色金手镯、脚镯、长命金锁的习俗。新中国成立后减少，六七十年代基本消失。80 年代始，佩戴饰品的习俗又逐渐兴起，不仅青年女子戴金手链、金项链、金耳环及钻石戒指，甚至中老年妇女和一些中青年男子也戴金戒指或钻石类戒指。

冠戴　解放前，富家子弟及文职人员戴礼帽，农民一般春秋戴六瓣儿合缝的瓜壳帽（帽衬儿），夏天戴高粱秸皮编制的斗笠式、马绊草编制的伞盖形、麦秸编织的礼帽式等草帽。冬季男子多戴毡帽头或用兽皮做的皮帽。也有人戴用棉布和兽皮缝制的耳罩。老年妇女则戴一种叫“抹护”的帽子，这种帽子无顶盖，从前额沿两耳围到脑后，有松紧带儿，前额嵌饰品，两侧点缀绣花。新中国成立后，男子春秋戴解放帽、八角帽、呢子圆顶帽、前进帽（鸭舌帽），夏戴宽沿草帽，冬戴棉帽和长毛绒帽。老年妇女戴一种黑色平绒顶帽，青年妇女戴线围巾和各色方巾。六七十年代，男女青年盛行军帽。80 年代以来，时兴鸭舌帽、爵士帽、夏凉帽、各式旅游帽，妇女戴纱巾及各色各样的毛线帽。进入 21 世纪，男性戴帽子的很少，出行时偶尔戴各式旅游帽，女性则以戴遮阳帽、各色方巾居多。

鞋袜　五六十年代，男女穿鞋多为自做布鞋，中青年穿纳帮洒鞋，老年男人多穿圆口布鞋。夏季域内道路泥泞，且驶船的人很多，当地中青年男子、少年光脚的很多。冬季，老年男子穿大鱼儿棉布鞋或蒲草编织的草鞋。村民拉冰、凿冰、打鱼，用拖床在冰上运砖拉苇子时，要穿绑鞋，或称“牛皮绑”，系用牛皮制成，用皮条绑在脚上，里面裹上麦秸稻草，鞋底儿捆上铁抓子。妇女穿布面或缎面的绣花鞋。小孩鞋有猫鞋、虎鞋、兔鞋、猪鞋，多为巧手妇女缝制，样式美观，堪称艺术品。70 年代始，穿自制布鞋的人逐渐减少。穿球鞋、皮鞋、旅游鞋、雪地鞋、皮暖靴者增多。尼龙袜子、高筒丝袜，完全取代自制的布袜子。90 年代后，女性多穿丝袜，款式多且色泽光鲜，有长至臀部的。青年男女穿皮鞋、运动鞋的居多，款式多样，色泽以黑、棕色为主。随着人们健康意识的提升，手工布鞋因穿着舒适，轻便防滑，透气吸汗等特点，又逐渐受到人们的追捧。人们注重服饰、鞋袜的制作技术、质地、颜色、图案、款式及穿着搭配，折射出人们对美的认知和追求。

发式 民国时期，女子的发式较为讲究。未婚女子一般都梳独辫，额前留有齐眉短发，称“齐眉穗”又称“刘海”，已婚妇女发型为“盘头”，发髻上横穿一支长簪子，簪子有金银铜和骨质的。老年妇女多梳发髻。这样的传统延续至“文化大革命”时期。70 年代后期，年轻女子发式多样，有披肩或波浪式、荷叶式、钢丝式等。

解放前，村中男子发式单一，多数剃光头，富户中青年男子多留分头。小男孩剃头留帽圈儿，还有的小孩留“歪桃”，头则留一细长发辫，还有的在脑后梳一长辫。80 年代后，老年男子仍多剃光头，中青年男子多留平头、分头、背头，留长发者渐多。进入 21 世纪，青年男女的发型千姿百态。年轻女性有直发、卷发、束发，青年男子有以蓬松凌乱为基调的发型、中长发纹理烫头、潮男造型等，鲜有将头发染成五颜六色或花白色。

饮食

主食 解放前，多以高粱为主食，玉米、小麦、谷子为辅，偶遇丰年稻米亦成为主食。传统食品有高粱干饭、小米干饭、大米饭、贴高粱面饼子、窝头、玉米饼子、丝糕糊饼、两面馒头、面条盒子、菜团子、馅儿饼、豆包、包子，面汤、汆汆汤、玉米面儿粥、茬子粥、高粱面粥、山芋粥、胡萝卜粥等。解放后至八九十年代，随着生活富裕，主食逐渐由粗粮为主转为以白面、大米为主，玉米等杂粮食用越来越少。21 世纪后，人们开始注重健康养生，追求饮食多样性，对主食进行粗细粮搭配，一些家庭定期食用玉米和薯类，使摄入营养更为均衡。村中举办相关讲座，聘请专家进行指导。

菜肴 自古以来，域内农民有腌制咸菜的习惯，自腌芥菜、蔓菁、萝卜、白菜，自制大酱、虾酱，春季吃羊角葱蘸酱，有“大葱蘸酱，越吃越胖”之说。境内农民素有吃蚂蚱的习惯，秋季此类昆虫较多，且肉肥籽多，多用盐水煮熟炒干，味道鲜美。冬季吃大白菜、萝卜，有“白菜萝卜保平安”之说。改革开放后，村民的饮食结构发生变化，大米白面成为主要粮食，肉、蛋、禽、鱼的食用量大幅增加，全年都能吃上新鲜蔬菜。

进入 21 世纪，随着生活水平大幅提高，人们的膳食结构发生明显改变，更加注重营养和科学饮食，鲜蛋、奶、豆制品以其营养价值丰富成为村民的必备食品，消费不断增加。人们摄入鱼肉逐渐减少，多追求素食杂食，甚至昔日用于度荒救命的野菜也颇受青睐。

附：度荒食品

解放前，村民多以野菜掺些粮食度荒，常吃的野菜有黄蓿、苜蓿、马齿苋、秕子、地梨老鸹筋、杨树苗、曲曲菜和榆树皮等，其中稗子为度荒粮食中的上品，旧时曾有“家粮食数麦子，野粮食数稗子”之说。

居住　解放前，村中普通人家世代居住土坯茅草房，十分简陋。房子有三檩五檩之分，多一明两暗，一般无厢房院墙，而带厢房的瓦房四合院则为富裕户所居。安门窗时要贴对联儿，外间屋中檩画有罗盘八卦阴阳鱼，上檩时要放鞭炮，如逢下雨称作浇粮雨，视为吉兆。上梁之日远亲近邻送油条 20 根，或送 2 ~ 3 千克挂面，称作“送小礼”。近亲则挂红帐幛。房屋建成后，主家要选吉日迁居，宴请宾朋“稳居”（亦称“温居”）。解放后至 60 年代末，村民盖房由生产队派工，年终结算时，由生产队按制度扣除房主部分工分。70 年代，土坯房大都翻盖成砖瓦房。正房有一明两暗的连三间，两头住人。中间为堂屋，有两盘锅灶，并放水缸摆佛案。两间里屋各盘炕与外间的锅灶相通。旧时，窗户为格窗，糊纸。民国以后在百格窗中间装上一块玻璃，后来窗户上部改为“活四扇”，下半部三块玻璃。80 年代住宅建设发生巨大变革，打破旧的三

平房改造前民居院落（1995年）

间格局。设有客厅、卧室、洗澡间、厨房。地面为水磨石或瓷砖镶嵌，门窗也逐渐用铝合金材质，建筑多为砖木混凝土结构，院落仍多为四合院式。90 年代中期，一些村民搬进带暖气、煤气的高档楼房。2004 年，村内平房改造结束，村民分到还迁楼房。此后几年间，全村人分别住进 4 个住宅小区，原平房村落消失。

建造禁忌：旧时忌盖新房低于两邻；忌堂屋门、院门对着烟筒、犄角、房山等；忌正房不正南正北；忌门对窗户；忌炕过中檩。

出行 解放前，本村与外界以水相通，农民走亲访友赶集上市多为木船代步。可乘客船或自划船沿运河往返于静海、杨柳青及天津卫之间。冬季河水封冻后则用冰床（俗称拖床），可坐人载物，速度较快。新中国成立后，逐步以自行车代替木船和拖床，用水管做车架的载重自行车既可驮人又可载物，后有标准、轻便的各种型号的自行车。70 年代末至 80 年代初，自行车用量大增，每户都有一辆或数辆，成为最普通的出行工具。此后，摩托车、农用三轮车、农用汽车逐步取代自行车，汽车运输取代大车（畜拉胶轮车），出现汽车出租和运输专业户。远道出行乘火车、公共汽车，乘飞机者亦不鲜见。进入 21 世纪，村民出行多乘公交车、骑电动车。年轻人逐渐以小轿车为主上班和出行。到 2016 年，多数家庭购置小轿车，有的一家拥有数辆，档次渐趋于豪华。

作息 村内作息时间世代随农事忙闲而定，一般“日出而作，日落而息”。农忙时“起五更，睡半夜”，披星戴月，俗曰“两头不见日头”。夏季中午有“歇晌”，冬季无农事，多为休闲。农业生产合作社成立后，农民参加集体生产劳动，一日三出勤（早晨、上午、下午），定点上下班，特殊情况听队长命令。1958 年“大跃进”时期作息无定时，有“吃在地，住在洼，三寸锁头来看家”之说。1985 年，实行家庭联产承包责任制后，农民从事农业生产以一家一户为单位，依农事忙闲而自定作息时间，实行规模经营的另有规定。乡镇企业蓬勃发展，农民进入乡镇企业，成为离土不离乡的工人，其作息时间为八小时工作制。21 世纪初，村内农民失去土地，大多在企业上班、打工，或自己开办公司，作息时间一般遵循八小时工作制及节假日制度。

◉ 福利保障

集体经济大发展后，村两委会将更多的改革红利与百姓共享，为村民实行多种福利和生活保障制度。其中，统一缴纳社会统筹养老保险，使村民再无生活的后顾之忧；实

福利分房抓阄仪式（2010年）

行医疗保险，对大病患者给予救助，保障村民不致因病返贫；发放退休补助、学生补助和年节等补助，大大提高了村民的物质生活质量；实施福利分房，使村民居住条件大为改善。各项利民措施，使村民生活品质迅速达到和超越城市居民水平。

保险

医疗保险 2006年始，为519名退休老人每人上意外险。2009年，统一纳入城乡居民医疗保险，村集体为2367名村民缴纳城乡居民医疗保险费，占全村总人数83%，村民按国家规定享受医保待遇。2010年，全村城乡居民医疗保险参保人数2309人。开始实行重病患者大额医疗救助，有24人全额垫付报销医疗费，大额救助3人。2012年，免费为村内1217名独生子女家庭户上城乡居民医疗保险，缴纳36.5万元。2013年，为1252名独生子女家庭缴城乡居民医疗保险费用37.5万元。2015年，城乡居民医疗保险费用144.02万元。2016年，为村民缴城乡居民医疗保险费用96.3万元。医疗报销大额救助36人，救助金额160万元。

养老保险 2007年，村集体用土地补偿金为村内18周岁以上、男59周岁以下、女

村民办理医疗保险（2010年）

为大病村民发放大额救助款（2013年）

49 周岁以下村民上城镇职工养老保险。2007 年，村集体为村民上交养老保险费用 5064 万元；2009 年，村集体为村民上交养老保险费 609 万元；2010 年，为村民上交养老费 328.9 万元；2012 年，为村民上缴养老保险费 2406.7 万元；2013—2016 年，村集体为村民上交养老保险费 563.5 万元。

补助

退休补助 1980 年始，村内开始发放退休金，金额为每人每月 15 元。2003 年，退休金提至 240 元。2006 年，提高到 400 元。2009 年，村内发放退休费 501.41 万元，每月每人 782 元；为其中 263 名退休老人办结城乡老年人生活补助。2010 年，为村民发放退休费 397 万元，退休金涨至 1020 元，每人每年领取退休金 1.66 万元。2012 年，村内

为村民办理养老保险（2016年）

发放待业补助（2013年）

发放退休费 376 万元，2013 年，村内发放村民退休费 329.4 万元。2014 年，发放退休费 542.8 万元，每人每月退休金增加到 1370.6 元。2015 年，全村有 810 名村民退休，领取退休金 522.89 万元。2016 年，为退休人员发放退休费 404.7 万元，每人每年领取的退休金涨至 19297 元。

自主创业补助 1980 年始，村内开始发放自主创业补助，标准与退休人员一样。2003 年始，村两委班子坚持“激励勤劳肯干、不培养懒汉”的原则，逐步拉大待业费与退休金的差别。2016 年，每人年待业费 7800 元。

学生补助 自 2002 年始，村内开始对高中及高中以上学生发放补助。标准为：大学生每人每学年 2000 元，中专生、高中生每人每学年 1500 元。2009 年，提高村学生补助标准，大学在校学生每人每学年增至 4000 元，全年发放学生补助 84.65 万元。2010 年，大专以上学生补助增至 5500 元。2011 年，在校学生补助金额增加，中专在校生每人每学年 1100 元，高中在校生每人每学年 2000 元，大专及以上在校生每人每学年 6000 元，全年发放学生补助 123.5 万元。2014 年，中专在校生每人每学年补助增至 2000 元，高中在校生提高到每人每学年补助 3000 元，大专以上每人每学年补助 7000 元。2016 年，大专以上在校生每人每学年补助 8500 元，中专生每人每学年 2000 元，高中生每人每学年 3000 元。同时享受物业费每年 2400 元，春节慰问金 2000 元，蔬菜补贴 600 元。

物业补助 2010 年始，为村民发放每人每月 50 元物业费。2012 年，发放物业费 185.2 万元。2013 年，村民物业费增至每人每月 150 元。2016 年，物业费补贴每人每月

发放物业补助（2013年）

200 元，全年村集体发放物业费 774.3 万元。

计划生育补助 2013 年始，村里对主动退回二胎生育指标的育龄妇女实行一次性奖励 5 万元的政策。是年，有 7 对夫妇退回生育二胎指标，发放奖金 35 万元。至 2016 年，发放退二胎奖金 190 万元。是年，对村内独生子女家庭户进行补贴，发放独生子女户补贴金 168 万元。

合作医疗 1958 年年底，村中实行社员看病不收费制度。60 年代初，村内建立“红医站”，配“红医”（即赤脚医生）。1973 年，修改合作医疗制度。门诊病人自己负担 50% 的医药费；住院医药费由大队支付。80 年代初，合作医疗基金由社员每人年出资 20 元及生产大队公益金中一部分组成，社员看病吃药的费用少于 20 元的，不再收钱，超出部分再按比例收取费用。1993 年始，按规定实行治病申报，再由村里审核报销。2005 年，全年为村民报销合作医疗费用 73 万元。至 2016 年，为村民报销医疗费用比例逐年增加，70 岁以上退休老人达 90% 以上。

福利

年节福利 1962 年始，村民每年春节或中秋节可以分到一定数量的自产鱼、肉等。此后，随着集体经济的发展，福利项目及数额也逐渐增加。2004 年，实行发放春节慰问金制度，待业村民每人 500 元，退休人员每人 1000 元。2007 年，提高春节慰问金额度，待业村民每人 2000 元，退休人员每人 3000 元。2011 年始，增加端午节、中秋节慰问金福利，每个节日村民可获得300元慰问金，2014年达到每人每个节日400元。2016年，村民春节慰问金增加到2000元，70周岁以上老人春节慰问金增至3000元。

住房福利 2006年，鑫奥老年公寓竣工，村内年满70周岁的老人可免费入住，不愿入住的70周岁以上老人可享受每月450元房补。2011年，总建筑面积12.07万平方米的凌福郡庭住宅楼交付使用，全村每人福利房分配面积27平方米。

其他福利 2005年，组织党员和群众代表免费赴蓟县旅游；组织党员去张家界参观投资项目、到毛泽东故居参观。2010年始，为村内退休人员、独生子女家庭户育龄妇女及园区企业负责人免费体检。至2016年，有5890多人次参加免费体检。

2014年始，为村民每人年发放蔬菜补贴500元。2016年，蔬菜补贴每人每年600元。对村内独生子女家庭户进行补贴，发放独生子女户补贴金168万元。

2005—2016年凌庄子村民福利费发放情况表

表5　　　　单位：万元

年份	总额	年份	总额	年份	总额
2005	758	2009	1741.40	2013	2571.90
2006	—	2010	2287.10	2014	3019.10
2007	—	2011	—	2015	3306.00
2008	—	2012	4028.30	2016	3846.20

庆贺凌福郡庭福利住房乔迁（2006年）

2009年，健康大学堂走进凌奥创业产业园

乡村文体

凌庄子一直具有传统文化的群众基础，村民普遍喜爱说书唱戏等。解放后，建有业余评剧团，编排演出戏剧和节目。村秧歌会和吹歌班作为喜乐丧葬表演团队，除“文化大革命”期间中断外，一直存在至今。集体经济大发展后，村中重视文化建设，先后出巨资兴建多种文化设施，组建各种文娱体育队伍。村篮球队一直保持天津农村篮球高水平。21世纪后，开展读书和文艺展演等活动，编著《凌庄子记忆》画册，聘请市内外文艺界人士参与村文化建设，举办多届“凌奥创意杯”运动会，多次参与和举办健身舞蹈比赛，村老年健身队和秧歌队长期进行锻炼和表演。各项活动的开展，使村内文化生活丰富多彩，村域特色逐渐形成。

◉ 文艺团队

评剧团 1951年，凌庄子成立业余剧团，演职员数十人。剧团人员没有任何报酬，自己动手抄台词，自费购买布料、自制演员服装。因缺少幕布和乐器，用业余时间打苇子变卖购置；没有场所，就在团员家里排练。著名评剧艺术家六岁红和天津市群众艺术馆艺术指导罗迪曾执导过剧团演出。

1965年，村评剧团演出《老少配》

剧团成立后，先后演出歌剧《王秀銮》《艺海深仇》，评剧《三月三》《刘巧儿》《变了》《顶锅》《送肥记》《小二黑结婚》《老少配》《打猪草》《兄妹开荒》《星期天》《新事新办》《学毛选》《夫妻识字》。代表剧目有评剧《刘巧儿》《小二黑结婚》；歌剧《艺海深仇》《新事新办》；打击乐《灯歌》。除了传统剧目外，其余均是自编自导自演。剧团经常给周围村庄的群众演出，并参加各种会演，在天津群众艺术馆、天津轧钢二厂和沧州地区演出。1952 年，该团在程村举办的联村队文艺会演中表现突出，天津群众艺术馆的教师罗迪和天津音乐协会的教师冯霞玲十分欣赏，亲任导演，经常到村指导，剧团整体表演水平有很大提高。后经常在天津群众艺术馆排练演出，评剧名家六岁红（孙云竹）、新凤霞曾经到场观看，新凤霞弟子张翠霞在唱腔和表演上予以指导。50 年代，凌庄子剧团在生产劳动中挖掘题材，创作《打鱼号子》《插秧号子》等剧目，内容贴近生活，曲词铿锵有力。1957 年，在天津市农民文艺会演中获大奖，代表天津市参加在北京举行的全国农民文艺会演，评剧《闹秧号子》获得成功，在中南海受到周恩来、朱德、刘少奇、聂荣臻、董必武等国家领导人的接见。1965 年，评剧团改为“毛泽东思想宣传队”，排演主要剧目为《沙家浜》《智取威虎山》等样板戏。1971 年，受当时环境影响，剧团解散。21 世纪后，剧团虽未恢复，但仍有不少喜好戏剧的村民在公园或村文体中心学唱评戏、京剧，习练各种戏剧曲牌。

吹歌会　吹歌会又名歌老会，清同治九年（1870），村中几位老人自筹资金购置笙、管、笛、钹、铛子、鼓、韵锣等乐器，敲打一些简单曲牌，组成凌庄子吹歌会。不久，专门请名师“张老儿”教授，吹歌会能吹打一套完整的曲牌、套子，还能为佛经念

村吹歌会在进行演奏（2016年）

诵伴奏。在受邀参加各地佛事祭奠时，经常演奏的曲牌有宗教曲牌“行大章”“燕过南楼”“倒金灯”“小赶子儿”；戏曲曲牌“小开门”；打击乐“老河（倒桥、正桥）”“龙须洞”“长行板”“八条娥娥”等。吹歌会有“会头”，负责演出等事务。第一代会头姓名失考。民国初年起，传人分别为凌玉柱、庄玉兰、赵玉清，至今140年来代代相传、绵延不绝。由于技艺高超、远近闻名，早期经常受邀参加各地佛事和祭奠。1966—1976年，吹歌会因“文化大革命”解散。1977年8月恢复，1985年逐渐走向红火。1985年春节期间，吹歌会受邀参加西青区正月十五灯会展演。后每年正月都到杨柳青参加公演，并赴天津艺术馆、娘娘宫、南开公园等地巡回演出，为新年佳节增添浓郁喜庆气氛。1990年8月，吹歌会应邀参加天津电视塔落成典礼。2005年，为解决吹歌会习练声乐场地，村里专门建设3间活动室。2016年，吹歌会仍活跃在村内、周边村等重大节日及其他喜庆活动中。

文化活动

编著《凌庄子记忆》 2008年11月，为了记述凌庄子数百年历史，展示建设成就，教育后人珍惜生活，自强不息，村党支部决定以画册配文的形式编一部农民自己的书，成立以党支部书记赵光勋为主编、副书记赵万霞等26人为编辑的编辑委员会。画册编辑得到村民积极响应，先后有三四百人直接参与资料、照片、实物搜集。一些老党员、老年村民主动提供线索，口述旧时故事。几个月间，编委会收到照片三百余幅，实物、

2010年，编辑研究《凌庄子记忆》

五老书画院天津分院成立大会（2012年）

文字资料近百份，查阅档案四百余卷。2009 年 10 月，《凌庄子记忆》一书内部出版。画册分为“序”“凌庄子发源”“回忆凌庄子”“发展凌庄子”和“附记”五部分，选载反映凌庄子各个历史阶段，特别是 2003 年以后的实物照片、地图、老村庄平面图、村民生产生活、老村街景、文体活动、教育、卫生等方面的照片 114 幅。重点反映凌奥集团、村务工作、党务工作、精神文明建设、发展方向、重点项目、获得荣誉等方面的照片近 200 幅及文字介绍。附记登载报刊介绍村情人物的文章。

姜云祥烙画艺术及收藏展 2011 年 4 月，本街民间艺术家姜云祥烙画艺术及收藏展在凌奥创意产业园举办，展出姜云祥自 80 年代中期以来代表作品 70 余幅。展区分山水、古代人物、现代人物、人体、珍禽异兽等部分。

青年歌手大赛 2012 年 6 月，凌奥创意产业园举行“新园区、新文化、新青年”凌奥杯青年歌手大赛。决赛聘请 5 名专业老师担任评委。来自园区企业、社区等 15 名选手参加决赛，产生一等奖 1 名，二等奖 2 名，三等奖 3 名，优秀奖 9 名。

中国“五老书画院·天津分院”落户园区 2012 年 6 月 9 日，中国“五老书画院天津分院暨天商书画院”在凌奥创意产业园成立，为市内“老干部、老战士、老教师、老模范、老专家”书画艺术交流提供平台。揭牌仪式后，来自北京、江苏、天津市区等地 6 名书画家现场挥毫，即兴创作。

“涂鸦活动” 2013 年 5 月 25 日，在凌奥产业园举办一场“涂鸦活动”，活动由“friday crew 涂鸦团队”主办、天津凌奥产业园承办、深圳腾客文化赞助。“涂鸦活动”主题定为“吾入其涂”，活动氛围自由，充满青春力量。

2015年，“闹！津城文化创意”活动之舞台表演

“闹！津城街头文化创意”活动　2015 年 10 月 16 日，“闹！津城文化创意”系列活动在凌奥创意产业园内开幕。本次街头文化系列活动按种类分为舞台表演、街头秀、篮球赛事、涂鸦、车展等几个区块，分别对应乐队、街舞、街头滑板、街头篮球、街头涂鸦、车展等不同表演，表演场地围绕凌奥主产业园干道分散在产业园中，给人们带来真正的“街头”演出。活动为期三天，至 18 日结束。在街头文化展演中，观众们近距离观看“潮人”能手展示自己的腔调和格调。“涂鸦”“街球”等表现力和观赏度极高的表演，观众们也可以参与其中进行互动。通过三天的竞技和演出，“涂鸦”组决出“涂鸦制作奖”一个，街头篮球组决出冠、亚、季军三个奖项，滑板组则选出专业及业余组冠、亚、季军共 6 个奖项。

“中俄民间大使”授勋仪式　2015 年 11 月 30 日，由天津市国际文化交流研究会、中俄（天津）文化艺术交流中心主办，天津市凌奥文化创意产业园承办的弗拉基米尔·格奥尔吉耶维奇·乌里扬诺夫“中俄民间大使”授勋仪式在凌奥创意产业园举行。乌里扬诺夫先生曾获中国政府颁发的“中苏友谊奖章”。

◉ 体育队伍

原村中少林会，每年正月十五表演，并以锣鼓伴奏，通常选村平整地段开场子演练，有单人、双人、多人表演，所练有刀枪棍棒和拳脚。后随着新中国成立，村中练武者渐少。改革开放后，体育队伍主要是球类和健身队伍。

篮球队 1951年，村里十几名社员自发组建"橹黎"篮球队。当时经济条件较差，队员们集资购买队服和必备用品，用木棍和木牌定制成简易篮球筐，被大家戏称为"苍蝇拍式"。队员们创造各种条件练球，白天生产、工作，晚上在教练的指导下训练球技。组队后多次参加区、市级农民运动会、篮球赛。球队的成立带动村民打篮球的兴趣，每个生产队都成立篮球队。60年代前，村篮球队有队员14名。六七十年代，有主力队员13名。80年代，有主力队员13名。90年代，有主力队员10名。21世纪后，主力队员保持在13名左右。一直保持良好的竞技状态，在西青区多次名列前茅。

1984年，篮球队代表西青区参加在静海县举行的"丰收杯"全国农民篮球选拔赛，夺得冠军，获参加全国比赛资格。9月，代表天津市赴辽宁省营口市参加"丰收杯"全国农民篮球赛，获得第四名。11月，在天津市首届农民"致富杯"篮球比赛中夺得冠军。1985年9月，在天津市"金牛杯"篮球邀请赛，获得第三名。10月，在天津市第二届农民"致富杯"篮球赛中，获第三名。1988年，参加天津市第四届"致富杯"篮球赛，获第三名。1989年和1990年，在天津市第五届、第六届"致富杯"篮球赛中，均获亚军。1998年和2002年，在天津市第四届、第五届农民运动会篮球赛中，均获第三名。

进入21世纪，篮球队完成新老队员交替后，继续保持较强的实力，多次参加区、街联赛并获得优异成绩，曾获市农运会第五名。

凌奥创意产业园足球队 2000年，足球爱好者组建凌庄子足球队，2013年更名为凌奥创意产业园足球队。球队成员由村足球爱好者、凌奥集团员工、来自园区企业足球

60年代村篮球队

凌奥篮球队参加天津市"致富杯"篮球比赛（1990年）

村民健身锻炼（2016年）

爱好者组成，有球员30名。2016年，已成为一支竞技水平较高，有战斗力、凝聚力，有技术特色和战术素养的业余足球队。球队多次参加天津地区和西青赛区组织的各种级别、类型的足球赛事，展现出良好的体育道德风尚，取得较好成绩。

凌奥健身队 组建于2006年4月，有队员30名。平均年龄将近60岁，年龄最大的82岁。自成立后，每天早晨在天津奥林匹克中心广场进行训练，十几年来从未间断过。8月，组建4个月就报名参加李七庄街举办的“创卫杯”广场舞大赛，获得第一名。在2009年西青区举办的“庆三八大桥杯”健身操展示赛中，表演令人耳目一新的融合传统秧歌与现代舞蹈的海派秧歌，凭着整齐划一、步调一致、充满活力、激情四溢的表演风格，取得健身操比赛类别第一名。2012年6月，在“永安杯”第三届天津市中老年歌舞大赛海选中，选手们唱出时代精神，跳出夕阳的活力，感动了评委和现场观众。凌奥健身队多次在市区街组织的展演和比赛中获奖，先后获得“西青区巾帼文明健身队”“西青区百支群文社团（艺术团队）”等荣誉称号。

附1：凌庄子中老年村民健身队

冬天的清晨，北风瑟瑟、寒气袭人，凌庄子村的晨练场却是另一番景象：只见一位妇女正在带领数十位中老年人做着健身操，别看大家年龄都不小了，但动作娴熟、舞步潇洒，浑身洋溢着青春的朝气和活力。

领舞的叫冯书惠，51岁，是西青区李七庄街凌庄子村“凌奥健身队”的队长。2006年年初，村党支部筹建村民健身队时，选定年近五旬的冯书惠担任负责人。

凌庄子村是体育强村，但在秧歌舞方面是弱项，健身队组建初期遇到了不小的困难。

健身队中老年人较多，最大的队员已经82岁，虽然老人们心气很高，但毕竟年纪大了，一个舞蹈动作反复教上好几次，还有人学不会。面对这样的情况，冯书惠不气馁，而是和队里几个有一定基础的队员先学，然后不厌其烦地一遍遍教，终于让老人们都学会了第一支舞蹈。冯书惠还主动到外面学习海派秧歌等新舞蹈以及太极扇、太极剑、柔力球等，并从网上下载舞蹈教程，反复揣摩动作要领，然后再给队员们做示范。在冯书惠和大家的共同努力下，凌奥健身队掌握了近20套舞蹈节目和数套健身操。

2006年8月，组建了仅仅4个多月时间，凌奥健身队报名参加了李七庄街举办的“创卫杯”广场舞大赛，获得了第一名的好成绩。

看着健身队每天热情似火的活动，又有许多村民主动参加，队员就从最初的十几个人增加到近50人。每天训练回来，虽然很累，但大家心情愉快，兴致很高。

冯书惠说："看我们这些中老年人，不像那么大岁数吧？现在我们不愁吃

村健身队参加天津市全民健身比赛（2009年）

不愁穿，越活越乐和，越跳越年轻。”

大家都说：“我们每天聚在一起就是为了健康，为了快乐，就是要培养凌庄子人集体的凝聚力。”

体育赛事

“凌奥创意杯”运动会

2008—2016 年，村中每年举办“凌奥创意杯”运动会，期间成功举办全国国际象棋“新人王”大赛等高级别比赛，以内部人员为主的台球、棋牌类比赛和各种趣味性比赛，受到村民普遍欢迎，全村男女老少广泛参与，成为每年一度的盛会。

首届“凌奥创意杯”运动会　2008 年 5 月 17 日，凌奥创意产业园举办“凌奥创意杯”首届运动会。园区 18 家企业代表队参加比赛。比赛历时三天，比赛项目既包括篮球、乒乓球、羽毛球、踢毽、跳绳，又增加富含“奥运”“文明”“和谐”“创意”等元素在内的奥运“三足跑”、接力障碍运球、拥抱奥运、奔向奥运等充满挑战与乐趣的竞技类比赛项目。运动会期间，在场的运动员、裁判员和前来观看比赛的观众为汶川地震受灾的群众进行爱心募捐，当场捐款 1.66 万元。

第二届“凌奥创意杯”运动会　2008 年 4 月底至 5 月初，村中举办第二届“凌奥创意杯”运动会。园区内 20 多家企业代表队参加比赛。比赛历时 12 天，有球类、田径和

凌奥创意杯第二届运动会开幕式（2008年）

双人“三足跑”比赛中

2010年，举办全国国际象棋“新人王”比赛

民间传统体育项目等。

第三届“凌奥创意杯”运动会 2010年4月29日至5月9日，凌奥创意产业园举办第三届“凌奥创意杯”运动会，驻园区企业30个代表队373名运动员参加比赛。比赛历时11天，比赛项目包括篮球、乒乓球、羽毛球、踢毽、跳绳、三人四足行、螃蟹背西瓜、转圈投沙包。多项自创运动既考验参赛运动员身体素质、竞技才能、心理承受能力等综合素质，又增强参赛单位参与意识、竞争意识、团队精神、拼搏精神。

第四届“凌奥创意杯”运动会 2011年4月，举办第四届“凌奥创意杯”运动会。园区内34家企业的近500人参加。比赛项目有传统体育项目羽毛球、乒乓球、跳绳、踢毽、男子篮球；竞技类项目有慢骑自行车、接彩蛋、双脚夹球接力、障碍运球、摸石过河。运动会历时17天。

第五届“凌奥创意杯”运动会 2012年9月，“凌奥创意杯”第五届运动会举行。比赛项目分为个人赛和团体赛两大项。个人赛有羽毛球、乒乓球、铁人三项（跳绳、踢毽、篮球），团体赛有男子篮球、跳长绳、袋鼠跳折返接力赛、“财源滚滚”、三人夹球跑、背投沙包等。运动会历时13天，园区近40家企业400余人参加竞赛，产生个人三项赛男子组、女子组、团体六项赛等前3名。

第六届“凌奥创意杯”运动会 2016年9月20日至30日，庆祝凌奥集团成立九周年暨第六届“凌奥创意杯”运动会举行，园区参与运动会人数达到300多人。运动会举行入场仪式，展现园区蓬勃向上的精神风貌。幼儿园小朋友表演萌萌的篮球操，“行健极远”公司员工表演惊险刺激的轮滑飞人。比赛项目有“趣味”三项、众星捧月、篮球、足球、乒乓球、长绳、羽毛球、“三足跑”等。经过预赛、决赛，产生各项目的冠军、亚军和第三名。设最佳组织奖、最佳团队奖、公平竞赛奖、最佳拼搏奖、精神文明奖。

全国国际象棋“新人王”大赛 2010年5月1日至3日，由中国国际象棋协会主办、

运动员在比赛中（2013年）

天津市体育竞赛管理中心承办、凌奥创意产业园协办的全国国际象棋“新人王”大赛在凌奥创意产业园举行。来自全国各地400余名选手参加竞逐，年龄最小的选手只有6岁。大赛产生各个组别的新人棋王。

“凌奥杯”台球公开赛 2013年4月26日，云梦泽高级台球会所举办的“凌奥杯”台球公开赛圆满完成。经过激烈角逐，从60余名参赛选手中分别决出一、二、三等奖各1名。共青团天津市委、团西青区委、团李七庄街委负责人出席赛会。

“凌奥杯”斗地主大赛 2014年6月14日，由李七庄街工会、李七庄街团委、凌奥集团主办，凌奥创意产业园团工委承办的首届“凌奥杯”斗地主大赛举行。此次大赛邀请凌奥创意产业园内各企业单位、周边社区居民及爱好者参加，从200余名参赛选手中决出大赛前三名。

附2：中华人民共和国体育工作贡献奖章获得者赵光明

1949年10月出生，1968年中学毕业后，在内蒙古呼伦贝尔盟布特哈旗库堤河公社插队。1974年8月，被选送到天津体育学院体育系学习。1977年8月至2009年10月，在西青体育局工作，多次被评为区、市体育局先进工作者。1984年，率队在全国少年棒球赛上获亚军，在全国儿童棒球赛获第3名。1987

赵光明（后排中）与棒球队员（1989年）

年，被天津市体委评为优秀教练员。1989 年 6 月，参与组建西青棒球队，翌年参加全国儿童棒球赛获得第 4 名。是年，作为主教练率队参加第七届世界少年软式棒球锦标赛，球队在亚太地区少年组获得冠军。

在 20 多年执教生涯中，所培育学生 52 人次分别入选国家少年棒球队。为专业队、市体校输送 40 余名优秀运动员，其中有 20 余人获得运动健将称号，20 人考入大学。在全国儿童、少年棒球赛比赛中获得冠军 9 次，亚军 13 次，第 3 名 9 次。在亚太地区棒球锦标赛中获得冠军 2 次，亚军 1 次，第 3 名 1 次；在世界少年软式棒球赛上获得冠军 5 次，亚军 1 次，第 3 名 1 次。

1990—2006 年，赵光明任西青区政协委员。1992 年，被国家体委评为“全国业余体育训练先进工作者”，2000 年，被国家体育总局、教育部评为“全国青少年体育工作先进工作者”，2002 年，西青电视台为其拍摄《古柳之子》专题片。2010 年，被国家体育总局授予“中华人民共和国体育工作贡献奖章”。2012 年，被评为天津市优秀启蒙教练员。

附 3: 村中第一个博士生刘庆

刘庆 1984 年出生。2003 年，考入天津外国语大学国际经济及贸易系，毕

博士学位证书

刘庆，男，1984 年 1 月 16日生，在 天津财经大学 会计学 学科（专业）已通过博士学位的课程考试和论文答辩，成绩合格。根据《中华人民共和国学位条例》的规定，授予 管理学博士学位。

天津财经大学

校 长
学位评定委员会主席

二〇一六 年 六 月 八 日

证书编号：1007022016060018

业后获经济学学士学位。2007 年，考入天津外国语大学，攻读世界经济专业硕士学位，毕业后获经济学硕士学位。2010 年，考入天津财经大学，攻读会计学专业博士学位。2016 年 6 月，获会计学博士学位，成为村内第一个博士生。2016 年 9 月始，担任天津外国语大学国际会计系教师，系主任助理，主要讲授 CPA 税法、国际会计、跨国公司财务等课程，主要研究方向为会计理论与财务会计。主要科研成果有："非效率投资价值减损的动态模型"，《统计与决策》，2015 年 21 期（CSSCI）；"基于经济周期视角的资本配置模型研究"，《统计与决策》，2015 年 24 期（CSSCI）；2012 年 9 月，《家庭理财》副主编；2017 年，《2017 年中国信托公司经营蓝皮书》副主编。

风土民情

明永乐年间，人们从安徽、河北、山东等地陆续迁徙而来，异地风俗民情相交融。地域和生产生活方式赋予村民坚韧的求生意志和敢于抗争、开拓创新精神，孕育出善良、勤劳、朴实的品格，催生村庄的开放性、包容性和多元性。随着地理环境变化，人们继承和变革着祖先的传统生活习俗:既吸收传统的婚嫁、殡葬、民间礼仪和日常生活的一些仪规，又因受到大城市的近距离影响而有所变化。21 世纪后，村庄与都市融合，逐渐形成崇尚科学、节俭、健康的新风俗，尤以年轻人生活更贴近现代城市时尚。

村民在长期劳动和社会生活实践中，总结出涉及气候、物候、农事、社会政治生活等诸多民谣谚语，地方特色鲜明，语言干练，诙谐幽默，今犹多有使用。

◉ 风味小吃

在长期的生产生活过程，凌庄子村居民就地取材，形成具有地方特色的传统小吃，经过时间的考验，流传下来。

贴饽饽熬小鱼 是村中历史最悠久、最具特色的小吃，做法也很简单。由于原到村域水多，盛产各种鱼类，此小吃旧时多以“麦穗小鱼”为主料，先将洗净择好的小鱼控净水分，用油煎透，然后用葱、姜、蒜等炝锅，放入糖色、盐，将鱼倒入锅内，加汤大火熬。贴饽饽是以玉米面或高粱面为主，有的掺入黄豆面，用手拍贴成长圆形厚饼（即饽饽）放在鱼锅边上，待鱼与饼子一起熟后，即可食用，极鲜美可口。后来随着水域减少，小鱼难得，也多改用小鲫鱼，做法相同，只是随着佐料种类增多，后期

贴饽饽熬小鱼

蒸发糕

疙瘩汤

大多使用料酒、糖、味精和芝麻油等物，使鱼味鲜香无比，味道极佳。随着饼铛替代柴锅，饽饽多为圆形。至 21 世纪，此吃法在村中历久不衰。

捻捻转儿 将快要成熟的大麦用碾子碾去皮煮熟后，在石磨中磨成寸余长的条，取出加蒜泥、麻酱等调料拌食。

轧饸饹 将高粱面儿、榆树皮面和好，用专用的饸饹床子轧出条来，煮熟浇卤子，拌菜码而食。

蒸发糕 将高粱米用水泡软，在小石磨上磨成浆，加面肥发酵后，兑碱上锅蒸熟，有时加小枣蒸成发糕。

“金裹银饼” 用白面皮儿裹上玉米面或高粱面儿烙饼，两色两味，风味儿独特。

疙瘩汤 主要食材：西红柿 1 个；鸡蛋 1 个；面粉、花生油、小葱、蒜适量。做法：把西红柿洗净切成小块，大蒜、小葱切碎备用；炒锅里倒进去两勺花生油，油热后下蒜米爆香；把西红柿倒进去翻炒出汤汁；炒到西红柿没有块状后，加适量水；面粉放在一个大容器里，慢慢地一点点加水，一边用筷子快速搅拌，成小絮状；炒锅里水沸腾后，火关小，保持沸腾即可，把搅拌好的面絮倒进去；放适量盐；鸡蛋尖头磕开一个小口，让锅在沸腾状态下，慢慢把蛋液流进去，边倒边搅拌呈絮状；煮两分钟后，把小葱碎或香菜叶倒进去提鲜，最后滴入几滴香油即可。

生活习俗

生育礼仪 俗称妇女生育为“坐月子”，须在婆家生产。孕妇生产前，娘家即将衣裤、小被、垫子（尿布）、鸡蛋、红糖等准备齐全，婆家也准备相应的东西。婴儿降生后，母亲不能直接喂乳，先请亲邻中育婴妇女（所哺之婴儿与新生儿性别相异）代喂，称“开嘴儿”，而后母亲方能喂奶。产房门挂红布帘，窗挂红布条，以示忌外人入堂。产妇须吃小米粥煮鸡蛋，谓之“定心汤”。丈夫要去岳父母家报喜，生男为大喜，生女为喜。产后第三天要请接生婆（俗称“老娘”）以艾叶煮水或直接用温水给婴儿洗遍全身，以清除污垢、胎毒，谓之“洗三”。时产妇家眷及近亲友要给接生婆洗钱，名曰“添盆”。产后 7 天产妇吃饺子，曰“捏骨缝”。12 天谓之“十二晌”，全家吃喜面。婴儿满月，以娘家为主，携食品、童衣来给婴儿过满月，摆宴祝贺后，接产妇携婴儿回娘家小住，俗称“挪臊窝”。婴儿满百日，再度相庆，称“过百岁”，给婴儿戴百家锁、长命锁，穿百家衣，娘家还要送来 100 个糖枣馅面桃和 1 个佛手，多与邻舍分食，取百岁百桃之意，避难逃灾，逢凶化吉，90 年代始流行给婴儿拍摄照片留作纪念。婴儿满一周岁谓之一生日，前一天吃饺子约催生，当日吃面条取长寿之意，亲朋馈赠饰品衣物等，以示庆祝。姑送婴儿鞋，姨送婴儿袜，本地有“姑的鞋，姨的袜”之说，姑用一尺半红蓝两色的花布做一条裤子称“姑拦子”。此日，婴儿父母摆放书、笔、算盘、刀、枪、鞭子、榔头、小农具等各种物品，让婴儿抓拿，第一件所抓拿之物便意味着他一生所从事的职业，称“抓生”或“抓前程”。

寿诞礼仪 寿诞俗称过生日，男女老幼，每逢生日全家均改善生活。一般于生日的前一天吃饺子，当日吃捞面，谓之催生饺子长寿面。长辈过生日，合族晚辈需前来拜

村民家庭为老人过生日（2016年）

寿，至亲好友送一些礼品箱。儿童过生日，家中长辈为其购买心爱物品。老人六十岁为整寿，称六十大寿。年届八旬为八十大寿。均要隆重庆祝，亲眷好友送寿桃、寿面、糕点、水果、酒肉为之庆贺。90 年代兴送生日蛋糕，配以其他礼品。21 世纪初，村党支部为 80 岁以上老人过生日、拍生日照、送蛋糕、送慰问金。

岁时节庆风俗 村中传统节日很多，春节、元宵节、端午节、中元节、中秋节及农历四月份的“庙会”、清明节是村民普遍过的节日。其中以春节最为隆重喜庆，其次是中秋节和“四月庙”。届时，家有未过门的媳妇要接来一同过节，家家都要购买过节物品和礼品。

清明节被赋予更多文化内涵，人们往往在虔诚祭拜先辈后，踏青郊游；或提前约定所有族亲，在清明节日从各地赶来，共同祭祖先后在一起聚餐进行情感交流，使清明节成为家族的团聚日，也成为最受重视的节日之一。

七月十五中元节（鬼节）是村中最具特色的传统节俗，也称河灯会。这一日，不仅要放河灯祭祖，还要“攒香塔”，烧焰火迎祥纳瑞。将漕船编队，在吹歌班演奏下，一路吹吹打打直入天津城。届时，全村人都来“攒香塔”和观灯会，场面热闹。漕船行进途中，两岸观者如潮。

附 1: 灯会歌 ①

七月十五放河灯，全村老少全出动。凌庄漕船编了队，顺河而上进天津。
旗帜飘扬汽灯亮，乐声入耳空中扬。河边两岸人鼎沸，古乐声声配新景。
船行一站被拦下，送来水果点心茶，要求吹三打三通，满足古乐爱好家。
常行将令老河西，大章娥豌豆叶黄，三通吹打完了事，再看天已放了亮。
凌庄灯会受欢迎，老师技艺不寻常，第一先说庄老爷，一根管子把家当。
吹着吹着游走了，曲子外面有新声。新歌古曲夹在中，原曲不失其中响。
边村王老名鼓手，每年出会先邀请。鼓槌一动出八音，鼓槌一收诸音静。
挑音笛子补音锣，全音架锣可难寻。大小管子来回钻，高低坐笙说合人。
铙钹一响鼓震天，镗锣敲得声音转。七月十五盂兰会，我的河灯河中串。

---

① 作者：半农。

中元节燃香塔（2016年）

每年中元节村民通过攒香——每人一炷香使多炷香积累起来，形成香塔，在特定的时间一起燃烧，祛除过去一年的疾病和不顺利，祈求来年的平安、健康，表达对先祖的怀念之情。

放河灯虽为中华民族传统民俗，但在凌庄子村还有着更多的内涵：由于村临近河道，嬉戏溺亡时有发生；村民生计主要来源于水路，古时村民大部分会驾驶槽船谋生，每年中元节村民都会通过放河灯的形式，祈求外出船员平安归来。后来，虽然人们思想意识的提高、经济发展渠道的转移以及现有河道已经废弃，但村民仍然保留着中元节燃放河灯的习俗，为家人祈求平安，以此表达对家庭和朋友的祝愿，对已故亲人抒发的思念之情。

村中春节是一年中最为重要的节庆，旧时甚至一入腊月，人们便开始为“过年”操劳奔忙，除夕和初一是最重要的两个日子，传统上有较固定的程序礼仪和饮食习惯。

附 2: 过年习俗歌 [①]

腊月祭灶年开幕，汇报家事上了天。汇报完了三十还，来年善恶仍监看。
不知灶王管什么，世世代代这么干。盼望上天言好事，祈求回宫降吉祥。
三十过年请全神，纸码香烛供果全。主人洗手上香火，点灯鸣炮进晚餐。
入夜全家包饺子，孩子打灯街上玩。除夕到了十二点，煮饺发纸就拜年。

① 作者：半农。

拜年先给长辈拜，拜完可得压岁钱。初一饺子初二面，初三合子往家转，
初四不见啥讲究，初五那天接财神，这天进财又进水，挑水背柴入家门。
过年对联提前写，又贴吊钱和福字。堂屋供奉天地牌，年年春节换新颜。
剪纸窗花贴窗上，槽头兴旺牲口棚。初一早上去拜年，先近后远挨家进。
初二早上接财神，院摆供果把香焚。初三初四出门拜，初五可是剁小人。
十五看灯又逛会，春节过年才算完。

新中国成立后，送神等年俗被摒弃。“文化大革命”期间，相互拜年减少。改革开放后，过年相互拜望得以恢复。后随着人们日常生活水平的提高，自 90 年代末，人们对过年节渐趋淡化，许多家庭不再大量集中购物，条件好的多将年夜饭或中秋饭都安排在饭店。旧式拜年习俗有较大改变，宗族亲朋间串门看望拜年者虽然仍很多，但年轻人用电话、手机和网上拜年成为普遍现象。

21 世纪初，已渐被人淡忘的农历七月七日“七巧节”被附会为中国的“情人节”，已婚或恋人间互送鲜花以示庆贺。

“五一”“十一”、元旦等节日期间，工薪阶层多与亲朋一起聚餐或举家外出旅游以度节日。许多家庭将中秋节和“十一”一起过，以后者为节日。

改革开放后，一些“洋节”在域内悄然兴起，年轻人多仿效西方模式过“洋节”。圣诞节期间互赠问候卡和礼品，或用手机发短信致贺。情人节时情侣间多送玫瑰花、巧克力，或进行烛光红酒聚会；关系密切的男女间也多有人用手机短信互致问候。母亲节时有许多子女为母亲送礼物。愚人节时朋友间也有用电话或手机开些愚弄对方的玩笑。

域内居民家有喜事通常都要用一定的方式进行庆贺。子女结婚、盖房、乔迁新居、工厂商店开业或周年等一般都举行庆典。通常要燃放鞭炮，敲锣打鼓，唱戏或进行歌舞演出。有的厂家、商家开业或厂庆、店庆时广发请帖，张挂众多彩旗和条幅，有的还要放气球、礼花，举办开业仪式和宴会。

婚葬习俗

婚嫁习俗

旧时习俗 新中国成立前，村内男女婚姻凭父母之命，媒妁之言，讲究门当户对。

还要根据生辰八字属相是否相冲、相克等方面，决定婚姻是否能成，规矩烦琐。步骤有：提亲和定亲。男方到婚姻年龄后，家里便托媒人给说亲。媒人到女方家介绍男方情况，若同意，便将女子的“生辰八字”送到男家，称为“过小帖”。若男方认为可成亲时，将龙凤呈祥“红柬”书写生辰年月和文约放入木匣，外裹红布连同彩礼由媒人送往女家。女方收到彩礼和龙帖后，也将女方的名帖放入匣内，由媒人带回，此为定亲，又称“过字”下定礼。送聘礼，过嫁妆。定亲后，男方要给女方一定的财物，家贫之人事先讲好给多少钱粮。结婚前女方将陪嫁物送到男方，俗称“过嫁妆”，一般都是抬着送到男家，有两抬四抬，最多有十二抬。若正月结婚，“过嫁妆”必须在腊月过完，如用车“过嫁妆”，不许套驴，否则不祥。做被褥，送日子。结婚前，男方找公婆健在儿女双全的中年妇女做被褥。在被角上放上枣、栗子、花生，取意“早生子”“儿女双全”。婚前两三个月内，男方要将择定的婚期写成“鸾书”，由媒人送给女方，俗称“送日子”。结婚。结婚前一日，男女双方门口都要贴喜字，男方贴双喜字，女方贴单喜字。新娘上轿前扎大腰带，腰带两头各装四块钱压腰。用红布盖头，家人鼓励新娘大哭，将“金豆子”（眼泪）掉在家里。男方探亲时带提盒，内装“四色礼”（较普遍的是剔骨肉，四根相连的肋骨及一块肉，意为骨肉分离；宽心面，自擀加宽面条，取意让女方母亲放宽心，女儿出嫁不受气；四个苹果，意为四平八稳；麦麸一包，取麸谐音福）。迎亲接新娘的轿或车进村后，新郎穿长袍马褂戴“帽衬”迎接。拜堂。按择定的时辰拜堂。桌

70年代村民举行简朴婚礼

上供天帝神像摆弓箭及水果香烛等；贴大红喜字，新郎新娘拜天地拜高堂，夫妻对拜入洞房，新郎用拴有红绸的秤钩，或用布尺将新娘的红盖头勾下后，男左女右坐在炕上，名曰“坐福”。合卺。新娘新郎“坐福”时，大宾放好炕桌，斟上两杯酒，夫妻对饮。闹洞房。洞房花烛夜，三天不分大小，入寝前由嫂子们给扫炕捂被。捂完被褥叫一两个小男孩在炕上滚一滚，谓之“滚炕席儿”，祝早生男孩。做三天。入洞房到“回四”，新娘要在炕上盘腿坐三天，不许上厕所，此时不能吃饭，还要少喝水，以便闯过这一关。认亲。婚后第二天，女方亲属到男方“认亲”。新娘要等一个月后娘家来接，头一次准许住十天，二趟住九天，俗称“十加九越过越有”，以取吉利。

新式习俗 新中国成立后，国家颁布新《中华人民共和国婚姻法》，男女青年可以自由恋爱结婚，但大多数男女青年仍需经人介绍，双方无意见可以继续交往，双方比较满意就要相家庭，相家庭后无意见可以订婚，订婚时男方给女方戒指、项链等或数额不等的钱。双方到法定年龄，到乡政府登记领取结婚证书。结婚日期由男方与介绍人共同选择良辰吉日，并征得女方同意，经双方同意后，结婚日期不能更改。结婚前一天，女方派人将嫁妆送到男家，男家给送嫁妆之人喜钱并设宴款待。新中国成立初期多用马车接亲，后来用拖拉机。

80 年代后，婚俗发生较大变化，民间自办婚礼逐渐改为请专门婚庆公司办理，接新娘普遍使用汽车，数量都在两辆以上的偶数辆，车档次越来越高，攀比之风渐盛。80 年代初，接亲车到男家，新郎给新娘行鞠躬礼，请新娘下车，新郎新娘步行到新房，主持人逐一介绍家长、主婚人、介绍人及各位亲朋，新郎新娘向以上诸人鞠躬行礼，双方家长主婚人要作简短讲话。部分青年男女盛行旅行结婚，到祖国各地旅行度蜜月，家中不摆宴席，旅行结婚后，给亲友发些喜烟喜糖。彩礼普遍为“三转一响”（自行车、缝纫机、手表、收音机），要自行车、录音机、电视机、大皮箱、大衣柜、衣服若干套。三间房要全装修，现金少则 800 元，多则 6000 元。接新娘改为汽车，逐渐由大汽车变为小汽车，档次愈来愈高，数量越来越多，少则几辆多则 10 余辆。

90 年代，彩礼五花八门，房要新建的砖瓦房，彩电、全自动洗衣机、摩托车、家具、高档衣服等，现金少则 6000 元，多则 2 万元。婚宴要在酒店办，迎亲至少要用六辆轿车，亲朋贺礼赠送钱钞物品日趋高档，父母和亲友的负担沉重。

进入 21 世纪，彩礼数目及档次高涨，房子逐渐发展为楼房、家电要全新的，“三金”（金戒指、金耳环、金项链）、电脑、家用轿车等应有尽有。婚礼前几个月，要专门请专业摄影师到附近或周边地区名胜古迹处拍摄结婚照，男女双方家庭各自到酒店预定婚宴，给亲朋好友发请帖，预定婚礼司仪。婚礼当天上午，男方选择亲属内的一对童男童女随新郎率领车队（少则 10 辆，多者 12 辆以上，皆选同色高级轿车）去女家迎亲。迎亲车队到达男方家附近后，男方家门口鞭炮齐鸣，新郎把新娘从车上抱到新房床上坐福。午饭前选择吉时，新娘再乘迎亲车队中最豪华的轿车到达预定的饭店。饭店门口由专事婚礼策划的公司设置好的礼炮与男方家提前摆放好的鞭炮齐鸣，七色彩带洒向新娘，然后，新娘新郎及双方父母、证婚人进入婚宴大厅，举行隆重而又现代化的婚礼仪式。婚礼仪式结束后，亲朋好友开怀畅饮，庆贺新郎新娘喜结良缘。随着与市区的逐步融合，村内主要婚俗告别旧例，追随都市仪式，但上午迎亲、中午前举行婚礼的习俗仍然保持。

嫁娶禁忌 旧时忌同族五服之内通婚；议婚忌男女属相相克；忌非“全可人”做新婚被褥；忌姑女嫁舅男；忌正月提亲；迎新送亲有“姑不接，姨不送，姥姥舅舅全不用”之说；忌孕妇、寡妇进洞房；忌新娘独自回娘家留宿；忌家庭在一年中一娶一嫁；忌迎亲车辆同一条路去归。

现在除了与丧偶或离异女子结婚与新婚者的结婚仪式相同外，其他禁忌还在一定程度上保留着。

丧葬习俗

旧式葬俗较为烦琐，在长期的生活实践中，凌庄子村形成了独特的丧葬习俗。随着时间的推移和人们思想观念的改变，丧葬习俗中一些繁杂的仪式至今已有所简化，一些迷信的东西有所淘汰，有些习俗仍在传承。主要有以下几个程序：

小殓 俗称“停床”。逝者弥留之际，亲属为其穿上寿衣（俗称“装裹”）。绝气后，长子或长孙手持一饭勺，边敲门框边呼：“爸（妈），上西天择好道走哇！”三呼之后，亲属方可痛哭。将尸体停放在床板上，晚辈守候在身旁，谓之送终。“停尸”要铺金盖银，头枕莲花枕，双脚置下脚枕，点长明灯，焚香烧纸上供，屋内镜子需全部翻转或蒙盖。上床板前，死者身上摆七星钱，一手中放一个烧饼，口中、胸部各放一枚铜钱，口中铜钱要在入殓前取出。

报丧 人死后，即于大门前挂纸钱一束谓“楮钱纸”，以示家中有人故去，其张数与死者寿数相等，或取整数，如死者 79 岁，纸张放 80 张。在门口放时，按男左女右挂出。随即派人分头报丧，如死者是女性，要立即通知娘家，共商后事，死者子女逢人磕头，“孝子头满街流”，替父母“赎罪”。

奔丧 长辈去世，至亲一进村便放声哀哭。乡邻亲友携纸钱前往吊唁，俗称“吊纸儿”。死者入棺前吊唁者多为女性，有儿媳女儿陪灵还礼。入殓后，多男性亲友吊唁，由男性遗属陪灵还礼。

戴孝 嫡系子孙披麻戴孝，旁系子孙只戴孝。嫡长子孙的孝帽上有结，孙子的孝帽上有一个红绒球，曾孙的孝帽上有两个红绒球。外孙子则挂蓝绒球，未婚亲属的孝服均以红色为标志，女婿的孝服为漂白布缝制。

报庙 长子手持面罗，内装麸皮、酒和黄钱纸，其他亲人随其后痛哭前行至土地庙祭祀，一日三报，直到入棺为止。参加者脱掉一只鞋，父母都已亡故，则要脱掉两只。

入殓 人死后第二天晚上，用红布铺棺材里，众人遮住阳光，长子抱头，小儿子抱脚，其他依次而抱。棺材内塞上七个灰包，将死者稳入棺内，衣袖内放两个馒头或烧饼。盖棺前由长女持棉球蘸清水或香油，擦拭死者的五官并念诵词“开眼光亮堂堂，开鼻光闻着香”，此时禁哭声，开光后撤去遮光席，盖上棺盖，由长子开始依次钉盖钉，屋内的香案、长明灯移于棺前，放一火盒上供烧纸钱。

选棺 材质一般为松柏木，官宦人家棺材也有用阴沉木，棺木讲究十三段，即用十三块整木板打制。贫穷人家用杂木板，薄且小，俗称“鬼碰头”。有的人家穷得买不起棺材，只好到棺材铺或富户家求一口薄皮棺材，更有的人家甚至用芦席卷埋。

题柩 在棺材头上用扁字题写死者的姓名、性别、年龄及死亡年，男性称“先考”“太公”；女性称“先妣”“太君”。若在棺材上直接书写，孝子跪陪，直至题毕。死者如是女性棺材后面画有荷花，荷花下面有莲藕，示有儿辈，几节藕标志有几个儿子。如只有女儿，则以荷花花瓣表示几个。

送路 入殓后的晚上，由“忙活人”拖着点燃的苇把子带路，死者的亲属每人手持一支点燃的香按选定的路线，往村西为死者送路，行路时和尚道士做哀乐，在选定的地点烧纸马车等。回家时不走回头路，不许回头看。归来后亲属均在灵前跪拜礼，称之为“行家礼”。

出殡 第三天早晨或上午将棺材抬出庭院放于选定地点，由司仪按所排礼单顺序拜灵，然后长子摔盆扛引魂幡，长子媳抱罐，亲属相随，启程到墓地，一路上抛撒纸钱，过桥或拐弯处放鞭炮，有孕妇女不到墓地。

下葬 到了坟地，孝子先给祖上各坟烧纸，如父母已先亡故一位，还要哭祭一番，才破土挖穴，随后亲属将馒头咬一口后扔进墓穴，落棺，如果合葬棺头要摆齐，然后用红布搭在两棺之上，俗称“搭桥带”。亲属各抓一把土，扔在棺材上，由“忙活人”埋成坟型。葬后，儿媳们各抓一把土，俗称“发财土”。进家门时要过火，吃一块糖，吃一块糖馒头。

圆坟 下葬后第二天早晨，为坟墓添土，称为圆坟。并用七棵高粱秸秆，横三竖四插在坟头，名曰插房子。从死者死亡那天算起，每七天到墓前祭祀一次，直到七七四十九天为止。孝子要守孝 100 天，服孝期间不剃头，不饮酒，不近女色。

祭奠 逝者五七日和周年、三周年，要到坟上为死者举行祭奠仪式。每年清明或七月十五中元节，为亡故父母和先祖坟茔拜祭和焚化纸钱等物，以示祷念。

新中国成立后，不再报庙和诵经搭棚做道场，引魂幡代以花圈花篮，披麻戴孝渐以臂戴黑纱代之，叩头多改为鞠躬默哀，增加召开追悼会等新形式，丧事从简成为风俗。70 年代中期以后全部实行火葬，人死后在家停灵 3 日，举行简单的悼念仪式，于第三天火化。丧葬期间，亲朋好友送花圈、花篮、挽联、挽幛以寄托哀思。80 年代后期，丧葬旧俗有所回潮，穿白戴孝、高搭灵棚、吹打奏乐、诵经念佛、观灯，渡桥、送路、纸糊扎彩等一如往昔。再加之送花圈、放哀乐、纸糊的冰箱、彩电、洗衣机等，车队送葬浩浩荡荡，形成新旧混合的形式。葬后大摆宴席招待宾客，花费数额大，成为农户负担。

90 年代初，村里成立红白理事会，推行对丧事从简，厚养薄葬。1998 年，村里建设陵园，村内死者骨灰盒均免费存放到灵堂，出殡等旧俗多被摒弃。

2004 年 7 月，村殡葬管理制度进一步完善，强化白事理事会的职责。村委会购置丧

村陵园正门（2016年）

葬用的大棚和炊具，供丧主免费使用，并由村白事理事会及时到丧主家中宣传殡葬管理规定，帮助丧主操办料理丧事。丧主不准穿重孝，只允许三道白（即白帽子、白腰带、白鞋），提倡戴青纱、白花。不准大吃大喝，不允许设酒宴，出殡日只允许四菜一汤。并统一制定“大了”、厨师、“忙活人”的工钱标准。出殡日搭棚建灶、伙食、抬棺均由村白事理事会负责，费用由姑爷等人的祭拜礼钱中列支。丧主如按制度办，村里发给丧主丧葬补助费 2000 元，反之罚款 1000 元，并与丧主的福利待遇和工资挂钩，刹住丧事大操大办之风。

丧葬禁忌 忌讳穿孝服者进非亲族家；忌吊唁时主家给的孝服原封不动带回家中；忌死者之伴侣随灵车进墓地；忌丧事后当年办喜事；忌孕妇进墓地；忌孕妇身挨死人灵床；忌入殓前亲家见面（故入殓后亲家再吊唁）；忌丧事当年春节贴红春联；忌死者停床时双脚蹬空。

21 世纪，这些禁忌在村中基本都保留。

称谓

改革开放后，域内社会性称谓曾广泛使用“同志”，后对党政机关有职务的一律带姓氏称“某书记”“某主任”“某长”等；对有职称的称“某工”或“某老师”；对企业领导称经理、厂长或老板、“某总”等。正式场合对男性统称先生，女性统称女士。

家庭性称谓仍广泛存在，年少者对初次见面的年长者尊称为大爷（“爷”为轻声）、大娘，年龄稍长的称大哥、大姐，稍小的称老弟、大妹子。同事、熟人、朋友间多以“某哥”“某姐”相称呼或直呼其名。同村人一起工作，年龄相仿或稍小的对年长的同事尊称某哥、某姐，对嫁入本村的女性多称为“某嫂子”。

家庭内称谓变化不大，有的家庭小姑有称嫂子为姐者。有一段时间，儿媳妇通常不称公婆为爸妈，生孩子后常随着孩子称爷爷奶奶。新婚夫妇对对方父母普遍称爸妈。

方言谣谚

村中语音语调均与市区无差别，方言谣谚也很相近，唯农事类留传较多，偶有使用。

方言

哏儿（有意思）

贫气（贫嘴滑舌）

搭搁（主动搭话）

倒会儿（躺会儿）

嘛玩意儿（什么）

了事（解决事情）

捣扯（刻意化妆）

掉点儿（松劲儿了）

头响火（上午）

过响火（下午）

夜来个（昨天）

赶后儿（后天）

大建（农历历法大月一个月 30 天）

小建（农历历法小月一个月 29 天）

年五更（除夕夜）

吃喜面（订婚）

并骨（夫妻合葬）

起腻（找事儿）

坐地炮（撒泼耍赖）

落道邦子（行为不端的人）

二把刀（对某种技术不熟练）

扛刀（挨饿的意思）

打眼了（未辨别清楚而买了假货）

罗罗缸（事情拉扯不清，麻烦事）

编笆造模（无中生有，造谣生事）

轴子（性情固执的人）

栽了（脸上不光彩，当众出丑）

起五更（凌晨起床）

刮拉雷（霹雳）

贼星（流星）

老爷儿（太阳）

火柿子（西红柿）

茅房（厕所）

地蚕（蚯蚓）

蝲蝲蛄（蝼蛄）

癞蛤蟆（蟾蜍）

长虫（蛇）

蛤蟆（青蛙）

猪秧子（小猪崽）

羊羔子（小羊）

牛犊子（小牛）

女猫（母猫）

郎猫（公猫）

叫驴（公驴）

儿马（公马）

谚语

水缸穿裙山戴帽，蚂蚁搬家蛇过道，燕子低飞老牛叫，蛤蟆吵坑雨就到。

日晕三更雨，月晕午时风。

一场秋雨一场凉，三场白露一场霜。

七月十五定旱涝，八月十五定收成。

八月十五云遮月，正月十五雪打灯。

黑夜下雨白日晴，收得粮食无处盛。

月亮戴草帽，明日把雨闹。

东虹云彩西虹雨，南虹出来卖儿女（指将涝）。

头伏有雨，伏伏有雨；头九有雪，九九有雪。

黑云黄稍子，必定下雹子。

竖闪电雨成线，横闪电雹成片。

天有骆驼云，雹子要来临。

老石旧砖，出汗闹天。

傍晚火烧云，明天晒死人。

开河不过惊蛰，春分地气通。

夏至雷鸣三伏旱。

云彩往东，一阵大风；云彩往北，一洼大水；云彩往西，王母娘娘披蓑衣；云彩往南，王母娘娘撑船。

春耕深一寸，顶上一茬粪。

家土换野土，一亩顶两亩，地种十年亲如母。

种麦不怕草，就怕坷垃咬。

今冬麦盖三层被，来年枕着馒头睡。

五月不耙地，六月干生气。

七月枣，八月梨，九月柿子红了皮。

人误地一时，地误人一年。

今年留下一棵草，明年一车拉不了。

种蒜不出九，出九长独头。

头伏萝卜二伏菜，三伏有雨种荞麦。

长木匠，短铁匠。

争着不够，让着有余。

前人栽树，后人乘凉。

包子有肉，不在褶上。

耳听为虚，眼见为实。

宁省囤尖，不省囤底。

前头有车，后头有辙。

人过留名，雁过留声。

饭后走百步，不用开药铺。

不受苦中苦，难得甜上甜。

一物降一物，卤水点豆腐。

不怕没好事，就怕没好人。

好事不出门，坏事天下闻。

能受少时苦，不受老来贫。

犯病的别吃，犯法的别做。

远亲不如近邻，近邻不如对门。

砍得没有镟的圆。

挨着勤的没懒的。

能人背后有能人。

饱带干粮暖穿衣。

同着矬人别说短话。

会说的不如会听的。

受多大苦享多大福。

春捂秋冻，一辈子不生病。

千年饿不死手艺人。

夜晚千条路，挡不住赶明儿卖豆腐。

人不可貌相，海水不可斗量。

骑驴的不知赶脚的苦，饱汉子不知饿汉子饥。

饱时给一斗，不如饥时给一口。

初生牛犊不怕虎，长出犄角反怕狼。

不见棺材不落泪，不到黄河不死心。

好男不吃分家饭，好女不穿嫁时衣。

吃了人家的嘴短，拿了人家的手短。

为人不做亏心事，半夜不怕鬼叫门。

强中更有强中手，莫在人前自夸口。

冬吃萝卜夏吃姜，不用大夫开药方。

歇后语

井里的蛤蟆——没见过大天儿

老鸹（乌鸦）落在猪身上——看见人家黑，看不见自个儿黑

老鼠拉木锨——大头儿在后头

尖嘴骡子卖驴价——坏嘴上了

鞋底抹油——溜了

庙里头失火——慌神了

做梦娶媳妇——净想好事

正月十五贴门神——晚半个月啦

砂锅捣蒜——一锤子买卖

抱着元宝跳井——舍命不舍财

怀里揣马勺——盛（诚）心

推小车的拾搭腰——有袢（盼）儿了

心里长草——荒（慌）了

拽着胡子过河——牵须（谦虚）

倒了碾子砸了磨——石（实）打石（实）

冻豆腐——难拌（办）

蛤蟆跳井——卜咚（不懂）

打铁的钳子——好夹火（家伙）

大饼卷蚂蚱——夹（家）吃去

党支部为村中老党员送生日蛋糕（2015年）

名人与名村

村早期无有著名人物。新中国成立后，村重文兴教，出现最早的大学生，有的获得硕士、博士学位，在不同领域取得优异成绩，为村民所津津乐道。村经济大发展后，企业涌现出许多优秀的管理和技术人才，成为受人瞩目的人物。这期间，凌奥创意产业园的建立，使凌庄子村受到国内外各界人士的关注，有多位海内外著名人士到产业园参观指导，其中包括世界创意产业之父霍金斯等全球有影响的人士。这些人士的到来，对凌庄子的经济发展和村庄建设给予了一定帮助。

人物传

石振岐 1930年生人，1943年4月入伍，历任回民支队二大队、回民支队训练队战士。1945年6月，任河北省盐山县区政府警卫员。1945年9月起，在东北与日伪军作战。主要参加战斗和战役有：1944年小山战斗、1945年黄花县战斗；抗日战争胜利后，于1946年参加八沟战斗和长春战役，1947

石振岐参军照

石振岐晚年照

年参与老爷岭战斗、四平攻坚战、鞍山战斗，1948年辽西会战，1949年粤桂边战役。在解放战争中，共立小功4次。全国解放后，于1950年参与海南岛八所港战斗。1953年，被授予正排级少尉军衔。1955年，在速成中学受到奖励。

退伍还乡后，石振岐曾于1965年至1970年担任村党支部书记，为村经济发展做出过贡献。

2006年3月10日，石振岐因病去世，享年76岁。

赵光汉 号半农，1930年7月生，幼时入邻村私塾，初学《三字经》《百家姓》开蒙，后兼学数学、自然和英文，擅书法。他为谋生养家，早早挑起生活的重担，进城学徒打杂，打鱼摸虾，割草放牛，为大户人家看守坟地。成年后，赵光汉善良豪爽，乐于助人，对贫困亲属照顾有加，定期送米面禾柴和其他生活用品，受到乡亲和亲属的一致称赞。解放后，赵光汉被李七庄乡政府（卫南公社）选任为秘书，负责政法和民政事务。在工作中，他扎实肯干，以突出的能力和业绩得到公社和区领导肯定。50年代，历任西郊区农村信用社主任、卫南电器厂厂长等职。1959—1961年三年国民经济困难时期以后，为响应国家号召，赵光汉放弃公职，回乡务农。“文化大革命”期间，因家庭成分原因，赵光汉被诬为“牛鬼蛇神”，受到迫害。“文化大革命”结束后，得以平反。70年代末，赵光汉在村办工厂研发设计华凌牌电风扇，为企业创收做出贡献。改革开放后，赵光汉承包村农机具维修站，创建凌庄子拉丝模厂，成为当时村内高收入企业之一。他设计的超声振动打孔器在业内得到广泛认可和推广。80年代，耿直的赵光汉被村民公推为凌庄子大队第八队队长。退休后，赵光汉以耕读自娱，每日写诗练字，勤于笔耕，将一生见闻和情感撰述成数千字诗文（顺口溜）。在村中编撰《凌庄子记忆》时，提供了很多有用的线索和资料。所撰传说、风俗、景物等文稿对编著《凌庄子村志》起到重要辅助作用，成为难得的村情资料。

赵光汉晚年生活（2008）

赵光汉于2015年9月12日逝世，终年86岁。

名人与凌庄子

路甬祥指导凌奥创意产业园建设 2011年12月21日，中国科学院院长路甬祥到凌奥创意产业园参观考察。路甬祥先后考察凌奥创意产业园公共技术服务平台、网络服务平台、产品展示及交易等5大平台，视察初具规模的凌奥三期工程，对凌奥产业园所取得的成绩和发展方向表示充分肯定。他表示，未来创新将呈现绿色低碳新目标，网络智能成为新业态，合作共赢成为新追求的新特点，希望凌奥集团在未来创新中，做出更大成绩。

约翰·霍金斯到村作主题论坛演讲 2014年6月1日下午，国际著名创意产业专家、世界创意产业之父、英国经济学家约翰·霍金斯先生应凌奥创意产业园邀请莅临园区进行学术访问，约翰·霍金斯创业产业工作室中国区经理陈叙、创意中国文化城市设计中心执行主任黄璞、专家委员会秘书长苏彤、中国正信集团副总裁金昭、天津市创意产业协会会长孙海麟、天津盛世惠泽投资有限责任公司董事长刘建强和西青区、李七庄街、天津南开大学创意研究院、天津市信息协会负责人一同到访。

约翰·霍金斯参观考察凌奥创意产业园公共技术、网络服务、产品展示等五大服务平台。走访园区内创意企业——北京市住宅建筑设计研究院天津分院及天津市亚龙文化传播有限公司，对企业家们的自信和热情、极富创意的文化产品连连称赞，他夸奖说，每一个中国人都具有创意的天性，这里很多产品的思路都具备国际水准。

2014年，世界创意产业之父约翰·霍金斯（右四）莅临凌奥创意产业园，举办主题论坛

最后，约翰·霍金斯出席在凌奥盛世艺术馆举办的“创意天津文化城市转型之路——对话世界创意产业之父约翰·霍金斯”主题论坛。在论坛上，霍金斯凭借多年来活跃在创意产业领域的丰富经验，深入浅出地阐述自己的观点和看法，认为凌奥创意产业园的很多产品都非常有发展前景，令他耳目一新。

厉无畏为凌奥创意产业园颁发示范基地牌匾 2015年5月12日，经济学家、全国政协原副主席、民革中央副主席厉无畏一行到西青区李七庄街凌奥创意产业园考察创意产业发展情况。

考察期间，厉无畏作题为《中国经济形势下中小企业的创新发展》的学术报告。他引用大量的国内外实例，论证创意产业在推动经济社会发展中的重要作用，为与会的企业负责人打开一个认识创意产业的窗口。

考察中，厉无畏向凌奥创意产业园颁发“美丽家乡项目产业化——创意产业示范基地”牌匾。

文艺界名人参与凌庄子村文化建设 凌奥创意产业园创建后，吸引不少文艺界演员到村参观，一些表演艺术家和知名演员还直接参与集团举办的“乡村大舞台走进凌庄子”等文化艺术活动。2012年，相声演员李嘉存到凌庄子村参加凌奥创意产业园区举办的书法笔会，鼓励年轻会员勤学苦练，精益求精，把中华传统文化的精华继承下来，发扬光大。

2013年1月，中国影视艺术家诗书画协会凌奥创意产业园创作基地启用，中国影视艺术家诗书画协会会长、表演艺术家唐国强及表演艺术家杨在葆、王铁成、高放等到村参加启动仪式。唐国强发表热情洋溢的讲话，希望今后在凌奥创意产业园创作基地，更多地开展艺术采风、笔会、展览等文化创作活动，能够创作出更多更好的艺术精品。

相声演员李嘉存（右三）到园区参加书法笔会

2013年，唐国强（后排右三）参加基地启动仪式

2013年，观众节进社区活动在凌庄子举行

杂记

由于古来地瘠民穷，村内教育文化水平低，文化成果较少，虽有建村和赤龙河的一些传说，一些祭祀和生产生活行为被村民赋予文化内涵，但专属文化类遗产很少。村庄富裕后，重教兴文，大力进行文化建设，取得多方面文化成果。2009 年，村中组织进行口述史、老照片收集整理，编写印刷《凌庄子记忆》书画册，为村中一项重要文化成果。此期间，村民创作有忆旧和歌颂新时代的大量白话诗歌。

打油诗[1]

贺解放

一

凌庄百姓得解放，
革命战士勇牺牲，
五名烈士葬南窑，
后迁坟茔陵园中。
后世之人须永记，
解放我们好英雄。
只有中国共产党，
领导人民万世兴。

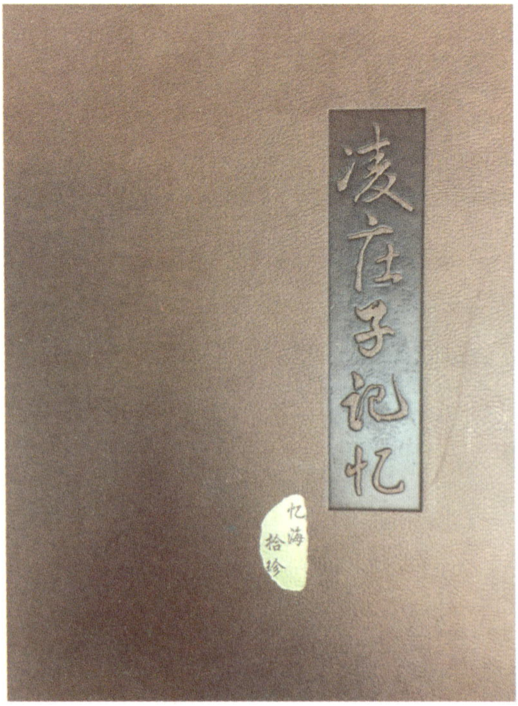

《凌庄子记忆》书画册（2016年）

① 作者：半农。

二

凌庄当年少土地，打鱼捉虾使小船。窑地坟地圈了村，只长荒草不种田。
生活困苦社会乱，逃荒要饭时常见。幸亏穷人得解放，分房分地把家安。

忆东井

凌庄村东一砖井，人畜饮水赖其供。水虽微咸清爽冽，男女老幼井台逢。
相遇寒暄家常话，乡情伴随岁月浓。一年一次大聚会，同心齐力来淘井。

村风颂

一

凌庄风俗素淳厚，村民朴实互相助。谁家有事众人来，操持料理大家助。
一家姥姥众家喊，不分姓氏亲与疏。尊老爱幼讲礼节，多姓兄弟同村住。

二

村俗民风重传承，文化传统受尊重。特别带好下一代，言传身教不惜功。
冬闲就把冬学办，晚入拳房把武练。一年还办几次会，水陆两行把会办。

医病赞

凌庄素来多穷户，有病无钱不得医。找寻乡亲偏方治，一一道来难说细：
先说连元大奶奶，针灸治病来的急，夏天受暑抬着来，几针扎完走回去；
再说北角老太爷，自制膏药更神奇，跌打损伤全能治，无毒无害治顽疾，
上搭下搭恶毒疽，贴骨火瘤无名毒，膏药一贴就见轻，治疗几次病可除；
再说宝崎唾沫药，小疮丁毒一抹舒，可惜方子未留下，令人扼腕真可惜。

老瓦房

东坑小庙大树槐，进村西上是北街。灰砖瓦房深宅院，高大门楼朝南开。
条石台阶门高大，丈二有余砖石画。漆黑大门铜活亮，进门先进大门洞。
门洞内设接待室，桌摆茶具有坐凳。过了门洞一道院，客厅门窗映院中。
厨房执事院中设，另设箭道内院行。内院是个四合套，假墙暗道密地洞。
暗道后门进后院，四北三南东西厢。一个暗楼无门窗，也是门固高房墙。

村地吟

开荒稻田拉水房，一二号房在村东，村西南边三四号，五六号房西北方，
村西一个七号房，彩虹楼北八号房，八处稻地一千五，还有菜田五百亩。
低级高级合作化，提高生产农渔副。生产日渐产值高，收入多了日子富。
城市发展搞扩建，凌庄土地征用完，鱼坑稻田不见了，高楼座座马路宽。

◉ 散文

流经凌庄子的“赤龙河”[①]

赵宝卿 陈子茹

故乡村前有一条河，叫赤龙河。这条河很古老，像拴起卫南洼各个村庄的一根绸带，蜿蜿蜒蜒，曲曲折折，在卫南洼乃至津城南部盘旋。赤龙河水是曩年当地农民生活的唯一水源。冬季河水结成厚厚的冰，人们破冰取水或用冰化水以满足生活之需。每到夏季，人们都在河里游泳消暑，两面河坡布满了螃蟹窝，洗澡时就可以掏到河螃蟹，抓到青虾，揪掉虾头剥去虾皮把生虾仁放进嘴，嚼嚼咽进肚里。乡人们有“生吃螃蟹活吃虾，掉到河里淹不杀”的说法，因此便成了一代一代娃娃们的习惯。钓螃蟹，也是沿河一带人们惯做的事情。夏秋之际，人们准备一米多长的小棍若干（木质、高粱秆等都行），一头栓上一尺长的细绳，系上饵料（熟玉米粒或蛤蟆腿），沿河边隔一米远插一根，拿一个短把小捞盔，来回查看，螃蟹吃食一般先用大爪夹饵料，拔起小棍儿感觉有重量（螃蟹正吃食），顺势提起，用小捞盔一捞，一个大螃蟹就逮着了。初冬河里的鱼卧在河底闭宿，想吃熬鱼，随时穿上胶皮衩用赶网或扒网，抽两袋烟的工夫，就能逮个一两千克。大个的掐破肚皮挤出苦胆，小个的洗洗就行，放些佐料再切点芥菜樱子，顺锅边贴上一溜棒子面饽饽，这一家子的一顿美餐就全齐了。

据前辈老人传说，赤龙河是由明朝军队开挖的，是为朝廷运送粮食和物资的。那时陆路不通，就发展水路，漕运。赤龙河还有个别称，叫“运粮河”。人们普遍认为：应该是先有赤龙河的开挖，后有的沿河村庄。河水是这一带人生存的必要条件，是这一带

---

① 原载 2015 年 3 月 20 日《天津日报》，题目有修改。

人的生命线。

赤龙河有多处流入海河的口子。赤龙河的北尽头经北运河或金钟河在三岔河口处，与海河相通，往南经海光寺、大营门，也流入海河，再往南流经八里台、纪庄子、凌庄子、杨楼、王兰庄、大倪庄、梨园头、门道口、大任庄、北里八口、前三合、南洋码头、咸水沽，再与海河相连。赤龙河自杨楼向西拐弯，过武台、辛院、蔡台、王台、邓店、于台、程村、边村、小南河，进静海与南运河相连。

赤龙河的各个河段的宽窄不同，宽处有 20 多米，水深 10 米左右，窄处也有十几米。梨园头村前的河面，当时一对大对槽可以就地调头转向，两艘大对槽相对而行，各不相扰。到小站咸水沽南洋码头一带，竟达几十米宽，形成当时的漕运枢纽码头。每对对槽六个仓眼，船的头尾两个小仓眼，底部呈斜坡状，一般不装东西，中间四个大仓眼，装砖或装土。对槽的承载量为一艘对槽能装红砖 5000 ~ 6000 块，按一块红砖 5 千克计算，它的总承载量为 12 吨至 15 吨。这内陆河的大吨位运输，与当时的陆路车载马拉的运输相比，简直是发达至极，不可比拟。

赤龙河养育了天津卫南洼乃至整个天津卫南部地区的一方百姓，是人们繁衍生息的源泉。赤龙河是当地农民生产和生活的唯一水源，是这方民众水路运输生产、生活资料的主干航道，也是渔副业生产的主要水面及场所。所以，卫南洼一带百姓称赤龙河为母亲河是当之无愧的。

据老人们回忆，早年，静海县大泊、小泊、团泊等地的运输船只，常年绕道大任庄入卫津河到达市内，如遇南洼沥涝有水年份，就可以经青凝侯村直接向北，过梨园头村南的坝口子，驶入赤龙河，再北上进市。

由于水运的兴盛，沿赤龙河各村都有投资大搞水路运输的人家。晚清到民国年间，梨园头村就有四户养对槽经营水路运输的。最早的要数王恩顺家，王恩顺和其两子（王金铭、王金铃）使用一对对槽，除从事农业外，自春季开河对槽下水至冬季河水结冰，拖上岸维修，长年搞水路运输，是梨园头村一带有名的“王脚船”。对槽的运输多数是红砖、黏土等建筑材料，夏秋两季，有专运农产品的脚船。傍晚，各户把自已采摘的面香瓜、菜瓜、青菜等，装筐装篓，运到赤龙河边等待装船，次日一早发船，临近中午到万德庄（南营门），各自上岸出售。还有“上卫”（那时卫南洼一带地势低洼，把去市内叫“上卫”，不像津西地势较高的地带，称去市里为“下卫”）的人乘船进市，走亲访友，购买工业品，也都靠坐船。每当早晨对槽开船去市内，对槽边走边喊：“脚船走喽！”有去市内的人，听到喊声出来上船。对槽的行进，主要靠人力拉纤，两人上岸拉纤，一人船上掌舵，岸边无路，撑篙前行。每天过午这些乘脚船进市的人，办完各自的事情，又都陆续回到船上随船回家，他们要向船家交纳往返的费用。

赤龙河是活水河流，上游与南运河相接，又多处连接海河，因此一年四季都有鱼虾可捉。应该说，捕鱼捉蟹是当地农民的副业，赤龙河水面的存在，使卫南洼的农民长年有打鱼摸虾的去处。事实上，当时有些农民已经把治鱼作为自己的长年副业了。再加上天津市建筑业的发展，卫南洼一带兴起烧制红砖的砖窑，如王兰庄对面的“元兴”窑地，靠近张道口村的“唐家窑”，是这一带较早生产红砖的“转盘窑”。由于平地挖坑取土制砖，形成许多坑塘水面，自然生长的淡水鱼类十分丰富，使赤龙河沿岸各个村庄长年以渔业维生的专（兼）业户不断增加。他们有捕鱼的网具，有治鱼的经验，除从事农业外，长年在赤龙河里，在卫南洼沥涝形成的水面捕鱼捉蟹。许多人都是这一带有名的治鱼能手。

◉ 专题调查

天津城市化进程中“城中村”出路的调查[①]

——兼记西青区凌庄子创意产业园

张立平　李玉峰

内容提要：在独特、自由、随时闪现创意火花的氛围里，西青区李七庄街凌庄子村党支部书记赵光勋见证着一群时尚、充满活力的年轻人掀起的“头脑风暴”。在他眼里，不论是工作环境，还是乡亲们的生活状态，已然与大都市生活融为一体，这个昔日的“城中村”也成为奥运板块中一道亮丽的风景。

市政协委员、连续多年提出“关于天津发展创意产业建议”系列提案的康军说：依靠都市人才优势，凌庄子“城中村”的农民选择创意产业作为经济支撑，这本身就是一个良好的创意。

悠扬的背景音乐，浪漫的艺术气息，在一杯咖啡的浓香里，一只刚刚画好的小兔子被电脑鼠标赋予了生命，一幅幅静态的插图变成有声有色的动漫。

这样的情景每天都会在位于“城中村”的凌奥创意产业园内上演。

---

① 原载《天津日报》，副标题为编者所加。

阵痛困局

刘宝林今年 87 岁，是土生土长的凌庄子人。如今，他与老伴住进了村里兴建的高标准老年公寓，生活简单却很舒心。在他的记忆里，十几年前的凌庄子有池塘、有旱田，狭窄的巷道，老旧的平房，还是地地道道的农村，感觉城市与他的距离很远："忽然有一天我发现，城市好像一下子搬到了家门口儿，繁华的商场、摩天大楼、来回穿梭的小轿车就在不远处的马路对面。"

的确，近年来，随着城市化进程的加快，天津城在快速扩张，天津城在不断"长大"。原本位于城乡接合部的凌庄子被一条"红线"划进了中心城区——南开区，隶属关系仍为西青，在高楼大厦的合围中成为"城中村"。长期以来城乡二元结构的桎梏，城市的公共服务设施无法"进村"，"城"与"村"的边界被勾勒得非常清晰。刘宝林和乡亲们这样向记者描述以前的生活，"城里现代化、村里脏乱差"，虽然与城市比邻而居，但村还是那个村，人口密度大，市政基础设施匮乏，房屋老旧，环境脏乱，老百姓在生产、生活方式等各方面仍然保留着浓厚的农民特征。然而，村外的世界却一天一个惊奇。走出院落，快速路从村边穿过；抬头望去，天津体育馆近在咫尺，一幢幢公寓拔地而起。作为"都市里的村庄"，村民们望城兴叹。

2003 年，凌庄子村已有 80% 的土地被征用，总占地面积突破 1000 亩。水滴、时代奥城、仁爱濠景等很多市民耳熟能详的标志性建筑和高档社区均坐落在曾经的凌庄子村范围之内。

失去了赖以生存的基础，凌庄子村仅剩下 2 万多平方米物业，一年收入 200 万元，而村集体一年用于全村的各项支出却高达 1000 万元。除此之外，集体还欠着一大笔外债。据很多村民回忆，当时他们的生活压力很大，生活标准是退休费、待业费每月各 240 元，其他收入渠道并不多，各类保险亦不完善。

怎样走出发展的困境，让村里百姓像城里人一样享受到经济发展的成果？这对于凌庄子和许多像凌庄子一样的"城中村"来说是一道待解的难题。

破茧成蝶

土地被征用、手握大量补偿款，一分了之，各寻出路，这是很多"城中村"的共同特质。面对 1 亿多元的征地补偿款，这个被城市包围的小村也曾沉浸在是分钱到户还是发展集体经济的纠结中。

没有集体经济做后盾，3000 多村民要实现共同富裕、奔小康的目标难上加难。2006

年，赵光勋带领两委班子成员，在广泛征求村民意见、多方求证的基础上，果断决定把国家给予的补偿金用于发展集体经济。拓空间、留物业、留产业，发挥区位优势，利用政府扶持政策，在仅有的100亩土地上发展工业园，投资1.5亿元，在凌宾路延长线兴建12万平方米的工业园，以招租的形式发展都市工业。

工业园落成了，大家发现，一个村级工业园区无论规模档次，还是硬件设施，根本无法与周边的开发区、工业园区抗衡竞争。正在一筹莫展之时，到园区考察的市有关部门领导提出了四个字的建议——“创意产业”。何谓创意产业？不光面朝黄土背朝天的村里人丈二和尚摸不着头脑，就是对于多年从事经济工作的领导、企业老板来说也是一个全新的话题。而当时，以低能耗、高附加值、高知性为主要特征的创意产业在南方很多城市已成燎原之势。在有关专家及领导的推动下，凌庄子立即对发展创意产业的可行性进行全方位论证。

2007年9月，全市首家创意产业园——凌奥创意产业园正式注册成立。市政协委员、连续多年提出“关于天津发展创意产业建议”系列提案的康军说：“依靠都市人才优势，凌庄子‘城中村’的农民选择创意产业作为经济支撑，这本身就是一个良好的创意。”

现在，凌奥创意产业园聚集了国内外百余家企业，涉及动漫、游戏软件、咨询策划、影视传媒等多个领域，设计类有：工业设计、建筑设计、园林绿化景观设计，日前被评为全国首批国家级创意产业园。2009年，实现产值超过5亿元，集团租金收入近2700万元。建野建境模型有限公司是园区第一家入住企业，经过一年多的创业，由名不见经传的小字辈，发展成为国内最大规模、最具影响力的专业模型公司。

2008年11月，总建筑面积13万平方米的园区三期工程建设已启动，工程竣工后，凌奥创意产业园将成为占地300亩、总建筑面积25万平方米的超大规模创意产业聚集区。

面对大学生就业的严峻形势，凌奥又推出“青果园”大学生创意创业园，为大学毕业生提供创业孵化、小额贷款、去向对接等“一条龙”服务，现在“青果园”已成为南开大学第一家校外创业实训基地，百余名大学生入园走上了创业之路。

在刚刚过去的2009年，凌奥集团通过盘活资源、合作开发，投资8.5亿元建设了高级商住、写字楼、商业带等六大项目，实现“多点支撑、联动收益”的目标。项目完成后，物业面积将扩大到20多万平方米，年租金收入可达到1亿元左右。

发展共享

“城中村”改造，是新农村建设的突破口，也是提高人民群众生活品质的关键，同时更是改变城市面貌、传播城市文明的需要。

2004 年，凌庄子村近百万平方米的平房被夷为平地。投资 1.5 亿元、由 10 幢砖混结构组成的凌奥家园拔地而起，小区绿化面积达到 31% 以上，通信、有线电视、电子门保安系统等现代设施应有尽有；活动室、卫生室、市场等一应俱全；村民们的舒适感、安全感油然而生，他们对新型美观、现代前卫的新社区接受度也不断攀升。

离开了土地的农民，是既区别于“有地农民”，又区别于城市居民的特殊群体，养老、医疗都是大问题。通过发展以创意产业为代表的集体经济，凌庄子的家底愈加厚实，以改善居住环境为标志的华丽转身，让凌庄子迈出了融入城市生活的第一步，而各种保障措施、福利制度的建立让老百姓真真切切享受到了经济发展的成果。

为解除村民们的后顾之忧，村民的一系列保障全部由集团埋单。据介绍，村里老人退休后每人每月可以领到 780 元的退休金，每年端午节、中秋节、春节等重大节日还有补贴。从 2003 年开始，每位农民都上了医疗保险，享受与城市居民一样的报销待遇，不仅如此，考上大学的学生享受助学补助及春节慰问金 6000 元的奖励。从 2006 年起，为减轻年轻人负担，全村老年人由集团赡养，投资 3800 万元建起老年公寓，70 周岁以上老年人均可免费入住，对符合条件的老年人，如果愿与子女一起居住而不入住老年公寓的，集团每月按户发给住房补贴金 450 元。

在赵光勋的案头摆放着一本即将出版的《凌庄子记忆》的书稿，他说，乡亲们的生活因城市化的进程发生了翻天覆地的变化，改变的不仅仅是居住环境，还有人的精神状态与生活方式。

74 岁的张兆奎在凌庄子住了一辈子，5 年前平房改造，他们用 3 间平房换来了现在 130 平方米的楼房。搬进新房后，老两口的生活充实而愉快，整天乐呵呵的，他们把年轻时的共同爱好又拾了起来，唱唱评戏成为最大的精神享受。

在凌宾路东侧，由 9 幢高层组成的凌福郡亭小区已完成主体工程，村民们自豪地告诉记者，这是他们的新家，人均可免费分到 20 平方米，今年就可以搬新家了。到那时，原住房可以用来出租，又是一笔可观的收入。

不久的将来，凌庄子村将渐渐被人们淡忘，在天津版图上，取而代之的是凌奥集团的崭新形象。然而，城市的扩张仍会出现一批批“城中村”，它们在发展过程中不可避免地会遇到这样那样的问题。相信凌奥集团的发展模式，会给人以启发，让后来者少走弯路。

2013年，凌庄子村健身队参加天津市第四届“体彩杯”全民健身大会

大事纪略

从立村始，随着时代的变迁，村中发生一些重大事件，对生产和村民生活产生重要影响。新中国成立后，农业体制发生根本性变化，确立了村集体经济基础。改革开放后，迅速向工业化经济转变，使村庄由贫穷快速迈入小康社会。实行旧村改造，修建花园式住宅楼，使村庄新农村建设迈出一大步。创建凌奥企业集团和天津最早的创意产业园，成为村经济大发展的重要节点。实施多个重大工程项目，建立村民福利保险制度，使村中面貌和村民生活发生重大改变，引起社会广泛注目，成为天津最有影响的村庄之一。

◉ 明洪武初年依水建村

相传明洪武初年，燕王朱棣挥师北上，其部下凌姓将士曾驻军于今凌庄子处，后受封地于此。凌氏见此地有赤龙河和多处沽塘，水草丰美，宜于农耕和渔业，加之水路出行运输方便，决定依水傍河，择高地定居生活。初时只三五人家，后不断有人依附而居，遂形成村落。由于凌氏为最早居民，且有名望，人们由此称村为凌庄子村。

◉ 1958—1985 年生产队始末

1958 年，成立李七庄人民公社，下设联村队，辖凌庄子村，下设 4 个生产队。1962 年，联村队解散。1963 年，实行人民公社、生产大队（村）、生产队“三级所有，队为基础”的管理体制，村各生产队实行独立核算。1968 年，村内分为旱田队、园田队、渔业队、副业队、瓦工队等 5 个专业队。1971 年，恢复为 4 个生产队，后改为 8 个生产队小队。1980 年，实行联产承包责任制，村 8 个生产小队变成 8 个农业生产联合体，村集体土地使用制度实行改革，各生产队推行以小股包工定额计酬为主的农业生产责任制，沿用20多年的集体经济模式废止。1985年，村内实行家庭联产承包责任制，分户独立经营、自负盈亏，原生产队资产交由村经济联合社统一管理。成立凌庄子村民委员会，原生产大队和生产小队机构正式解散。

1998年首次集体企业拍卖会

1998年11月6日，凌庄子村举行首次村集体企业拍卖会，在原厂职工保持现岗不变前提下，本着公开、公平、公正的原则，在全体村民间实行公开竞拍。拍卖会筹备期间，通过发动报名，确定持有号牌人选。拍卖会由村干部主持，西青区公证处公证员出席拍卖会，李七庄乡领导、村两委会成员、各村办企业负责人、各居民片片长出席拍卖会。竞拍结果：除红旗汽修厂无人竞标外，其他4家企业分别被村民拍得。公证处代表当场确认竞标有效。

2000年建设住宅小区

2000年起，村中开始筹建住宅楼。至2008年，先后自建和合作开发建设凌奥花园、凌福郡庭、惠鑫花园、鑫奥老年公寓和金禧园5处住宅楼小区，为村民提供还迁住所和改善居住条件，村中符合条件的居民全部迁入楼房。5个小区内的道路以及小路均为混凝土或沥青路面，并与城市公共交通路线相连接。小区绿化率平均35%以上。水、电、天然气、有线电视、电话、宽带网络、供暖、雨水处理、污水处理等管线均与市政公共服务设施相连。与之配套有幼儿园、小学校、卫生室、物业管理、商业与金融网点、健身器材、文体活动中心等设施。

2002年村平房拆迁改造

21世纪初，凌庄子地域被划入天津市中心城区，按照城市建设要求，凌庄子村进行平房改造。2002年1月，成立平房改造领导小组，制定下发《平房改造方案讨论稿》。1月9日，要求村民将住房以口头或书面的形式申报，办理核实登记手续。3月8日，张贴布告，通知村民对拆迁安置进行公证，对本户调查登记确权有异议进行说明。发出《拆迁通知书》，将拆迁范围和奖励规定通知村民，告知村民进行平房拆迁准备。在拆迁范围内所有遗留问题解决后，村委会委托西青区房管局拆迁中心执行拆迁。经过紧张施工，村绝大多数平房被拆除，村庄整体消于无形。

2004 年创建凌奥创意产业园

2004 年，村工业园区工程竣工后，天津市发改委领导建议引进“创意产业”，经实地考察和论证，凌庄子着手将“工业园区”改造为“创意产业园区”。

2007 年 9 月，凌奥创意产业园集团成立，是天津市第一个成立、第一个依法注册，也是至今最大的创业产业园区。2009 年 11 月，启动凌奥创意产业园三期工程项目。2013 年，主体工程竣工。该项目与一期、二期工程项目对接为一体。园区坐落于奥运水滴体育馆南侧 600 米，总占地面积 310 亩，总建筑面积 45 万平方米，总投资 15 亿元，可容纳 1000 家企业入驻。

2007 年成立凌奥集团

2007 年，为了凌奥创意产业园区运营需要，进行规范化的集团架构后，凌庄子成立凌奥集团。集团拥有资产 8 亿元，注册成立天津凌奥科技企业孵化器有限公司、天津凌奥众创空间管理服务有限公司、凌奥聚金典当行、凌奥投资有限公司、凌奥物业管理公司等下属公司，

村领导为集团成立揭牌

并将天津凌云房地产开发公司、天津市佰利华物资商贸有限公司、金一机械有限公司等村属企业收归旗下。9 月，凌奥集团取得营业执照并挂牌运营。

2010 年“将军后代合唱团”① 到凌奥创意产业园举行演唱活动

2010 年 6 月 7 日，“将军后代合唱团”150 多人，到天津凌奥创意产业园参观考察。合唱团成员与凌庄子村民进行联欢，合唱团演员表演歌曲，凌庄子村民兵应急分队和凌奥健身队分别进行军训和健身运动表演。

村领导与将军后代合唱团成员合影（2010年）

① 新中国成立 10 周年时，200 多名开国将军组成“将军合唱团”，用歌声抒发革命斗争和建设新中国的壮志豪情。50 年后，后代怀着对父辈的敬仰，组成新“将军后代合唱团”，传唱《英雄赞歌》等经典歌曲。

◉ 2014 年凌奥创意产业园被评为国家级孵化器

2014 年，凌奥创意产业园被科技部火炬中心评为国家级孵化器。园区建有“四个功能区”和“五个公共服务平台”，其中“青果苗圃”凌奥示范基地成立“天津市青年创意创业基地”，为入驻大学生提供“创业初期—孵化期—企业壮大—产业化”的全程服务。

青果园举行大学生示范培训（2014年）

附录

村规民约（2015年）

第一章　总则

第一条　依照《中华人民共和国村民委员会组织法》，参照《天津市西青区村民自治章程》制定本村村规民约。

第二条　实行村民自治必须在党的领导下，依法进行。正确处理好民主与法制，民主与集中的关系，自觉抵制资产阶级自由化思潮的侵袭，警惕无政府主义倾向，反对自由主义，实现依法治村。

第三条　村党支部要按照中国共产党章程和中国共产党农村基层组织工作条例进行工作，发挥领导核心作用，依照宪法和法律，领导、支持和保障村民开展自治活动，直接行使民主权利。

第四条　村民委员会在村党支部领导下开展工作；自觉接受街党委、办事处的指导，努力完成好街党委、办事处交给的各项工作任务。

第二章　遵纪守法

第五条　每个村民都要学法、知法、守法、自觉维护法律尊严，积极同一切违法犯罪行为作斗争。

第六条　村民之间应团结友爱，和睦相处，不打架斗殴，不酗酒滋事，严禁侮辱、诽谤他人，严禁造谣惑众、拨弄是非。

第七条　自觉维护社会秩序和公共安全，不扰乱公共秩序，不阻碍公务人员执行公务。

第八条　严禁偷盗、哄抢国家、集体、个人财物，严禁赌博、严禁替罪犯藏匿赃物。

第九条　严禁非法生产、运输、储存和买卖爆炸物品；经销烟火、爆竹等易燃易爆物品须经公安机关等有关部门批准。不得私藏枪支弹药，拾得枪支弹药、爆炸物品，要及时上缴公安机关。

第十条　爱护公共财产，不得损坏水利、道路交通、供电、通信、生产等公共设施。

第十一条　严禁非法限制他人人身自由或非法侵犯他人住宅，不准隐匿、毁弃、私拆他人邮件。

第十二条　严禁私自砍伐国家、集体林木，毁坏绿地植被。

第十三条　对违反上述社会治安条款者，触犯法律法规的，报送司法机关处理。尚未触犯刑律和治安处罚条例的，由村委会批评教育，责令改正。

第三章　消防安全

第十四条　加强用火管理，严防火灾发生。

第十五条　家庭用火做到人离火灭，严禁将易燃易爆物品堆放户内、小区内，定期检查、排除各种火灾隐患。

第十六条　加强村及居民区防火设施建设，定期检查消防池、消防水管和消防栓，保证消防用水正常。

第十七条　对村内、户内电线要定期检查，损坏的要请电工及时修理、更新，严禁乱拉乱接电线。

第十八条　加强村民尤其是少年儿童安全用火用电知识宣传教育，提高全体村民消防安全知识水平和意识。

第四章　村风民俗

第十九条　提倡社会主义精神文明，移风易俗，反对封建迷信及其他不文明行为，树立良好的民风、村风。

第二十条　红白喜事由红白喜事理事会管理，喜事新办，丧事从俭，破除陈规旧俗，反对铺张浪费、反对大操大办。

第二十一条　不请神弄鬼或装神弄鬼，不搞封建迷信活动，不听、看、传淫秽书刊、音像，不参加非法组织。

第二十二条　建立正常的人际关系，不搞宗派活动，反对家族主义。

第二十三条　积极开展文明卫生村建设，搞好公共卫生，加强村容村貌整治，严禁随地乱倒乱堆垃圾、秽物。

第二十四条　不得私搭乱建，强占集体土地，损害四邻利益。

第二十五条　违犯上述规定的给予批评教育，出具检讨书，情节严重的交上级有关部门处理。

第五章　邻里关系

第二十六条　村民之间要互尊、互爱、互助，和睦相处，建立良好的邻里关系。

第二十七条　在生产、生活、社会交往过程中，应遵循平等、自愿、互惠互利的原则，发扬社会主义新风尚。

第二十八条　邻里纠纷，应本着团结友爱的原则平等协商解决，协商不成的可申请村调解委调解，也可依法向人民法院起诉，树立依法维权意识，不得以牙还牙，以暴制暴。

第六章　婚姻家庭

第二十九条　遵循婚姻自由、男女平等、一夫一妻、尊老爱幼的原则，建立团结和睦的家庭关系。

第三十条　婚姻大事由本人做主，反对包办干涉，男女青年结婚必须符合法定结婚年龄要求，提倡晚婚晚育。

第三十一条　自觉遵守计划生育法律、法规、政策，实行计划生育，提倡优生优育。

第三十二条　夫妻地位平等，共同承担家务劳动，共同管理家庭财产，反对家庭暴力。

第三十三条　父母应尽抚养、教育未成年子女的义务，尊重知识，积极培养子女，保证子女九年义务教育。禁止歧视、虐待、遗弃女婴，破除生男才能传宗接代的陋习。子女应尽赡养老人的义务，不得歧视、虐待老人。

第七章　民主政治

第三十四条　定期召开村民代表大会，重大事宜民主决策。

第三十五条　坚持民主理财制度。增加村经济建设情况的透明度，对重大决议事项及财务收支等工作，定期在公开栏内刊登、阅览，实行村务公开。

第三十六条　本村规民约，根据村实际情况制定，未尽事宜遵照国家有关法规执行。本村规民约自公布之日起实行。

《凌庄子村务公开制度》

为进一步落实村务公开、民主管理的各项规定，增加村务工作的透明度，充分保护和调动广大群众参与支持村务工作的积极性，密切干群关系。根据上级的有关规定，制定本制度。

1. 严格按照规定的内容进行公开。主要有：本村财务收支情况、计划生育二胎审批情况、土地承包情况、项目开发情况、村政建设情况、承包企业和租赁企业收缴承包费和租赁费情况、招待费支出情况、国家征占土地的补偿费及使用情况、债权债务情况、任用工作人员情况以及其他群众普遍关心、关注的热点问题。

2. 严格按照规定的形式进行公开。主要是通过党员大会、群众代表大会向全体党员和群众代表公开。同时，利用公开栏、电话、公开信等形式向全体村民公开。

3. 严格按照规定的程序进行公开。在程序上要充分体现民主集中制原则，公开前，公开的书面文字材料经党支部、村委会研究通过，报请街党委审批后，再进行公开。公开后要及时征求群众意见和建议，认真分析研究，积极稳妥处理。

4. 严格按照规定的标准进行公开。凡是要求公开的内容都要做到既全面到位，又符合国家有关政策法规，不搞土政策，不开歪口子。

5. 严格按照规定的时间进行公开。属于正常工作的，每季度进行一次全面的公开，遇有临时性工作的可随时公开。

6. 切实加强监督。采取内部监督和外部监督相结合的方法，建立由村财务人员、老干部、党员、群众代表参加的民主监督小组和民主理财小组，开展民主议政日，党员、村民代表质询日等活动，多层次、多形式地接受监督。

7. 坚持决策过程的公开。重大事项决策前要广泛征求方方面面的意见和建议，反映群众的真实意愿和要求。在落实涉及全村利益的重点工作中，要随时将进展情况和遇到的问题进行公开。

8. 注重公开资料存档工作。认真填好《西青区村务公开工作手册》，对公开栏张贴的内容进行拍照存档。

《村干部廉政建设规定》

为加强党风廉政建设和反腐败工作，永葆党的先进性，顺利完成我村各项工作，充分发挥党员、干部的作用，特制定本规定：

为落实廉洁自律各项规定和公司管理制度，对两套班子成员和中层干部建立廉政档案。每半年（6月5日—7月5日；12月25日—1月5日），按廉洁从政要求认真汇报总结。

要严格遵守凌庄子村干部守则，加强廉政工作八项规定。

严格遵守政治纪律的四条和廉洁自律的三条要求。

政治纪律要求：

维护中央权威，在政治上同中央、市委、区委、街党委、村党支部保持一致，反对地方和部门保护主义，保证政令畅通。

认真贯彻民主集中制原则，凡属重大决策、重要项目和大额度资金的使用，必须集体讨论做出决定，不准个人或少数人专断。

反对阳奉阴违、弄虚作假、虚报浮夸的行为。

坚决反对和制止反对党的基本路线的言论，反对自由主义、反对传谣言等一切破坏党的团结的行为。

廉洁自律要求：

遵守党纪国法，带头执行中央、市委、区委下发的关于领导干部廉洁自律的各项规定，凡要求下属干部做到的，自己必须首先做到，凡禁止别人做的，自己坚决不做。

要管好班子成员，并对主管单位的反腐败和党风廉政建设工作负责。领导班子成员和主管单位发生严重腐败问题，属主要领导人官僚主义和失职、渎职的，要追究其领导责任。

要管好自己的配偶、子女和身边工作人员，他们当中有违法违纪的，领导干部应承担责任；放任、包庇甚至纵容他们违法违纪的，要追究领导干部的责任。

加强党性锻炼，努力做到五个牢记。即：一要牢记：坚持解放思想，实事求是，坚持"抓住机遇、深化改革、扩大开放、促进发展、保持稳定"的基本方针，坚持正确处理改革、发展、稳定的关系。二要牢记：在思想上、政治上和行动上与党中央保持一致。以大局为重，保证政令畅通，自觉维护团结，自觉遵守党的纪律，对党忠诚老实，言行一致，有令必行、有禁则止。三要牢记：一定要讲政治，努力提高政治鉴别力、政治敏锐性。在政治问题上，一定要头脑清醒，方向正确，坚持原则，明辨是非，旗帜鲜明。四要牢记：加强学习，加强党性锻炼，光明磊落，堂堂正正做人。要严于律己，防微杜渐，以身作则，自重、自省、自警、自励、自觉维护党的良好形象。要接受党组织的严格要求、严格管理，接受群众的严格监督。五要牢记：严格执行已有的行之有效的各项规章制度，以及党政有关廉洁方面的规定。把党组织的严格监督与党员干部的认真自律结合起来，自觉遵纪守法。

《村班子和干部述职述廉制度》

为进一步发扬党内民主，切实加强对村班子和干部的监督，促进农村基层干部廉洁从政，根据《中国共产党章程》和《中国共产党党内监督条例（试行）》等有关规定和要求，制定本制度。

参加范围

村党支部、村委会、集团董事会全体成员。根据实际工作情况可就某项重点工作扩大到支部扩大会和中层干部。

内容

在围绕德、能、勤、绩四个方面做好述职工作的同时，着重围绕以下四个方面进行述廉。

1. 学习党风廉政建设和反腐败理论的情况；

2. 党风廉政建设责任制落实情况；

3. 个人和下属廉洁自律的情况；

4. 遵守廉洁自律规定，特别是落实“九不准”要求的情况。

时间和形式

村班子和干部述职述廉每年进行一次，述职述廉的具体时间确定后，要提前一周向街党委报告。采取召开党员群众代表大会，由村干部宣读述职述廉报告的形式进行。也可与民主生活会、民主评议村班子和干部等结合进行。

程序

按照“自我总结、群众评议、反馈意见、认真整改”四个步骤组织实施。

1. 撰写述职述廉报告。召开述职述廉会议前，村干部要根据述职述廉内容要求，由本人写出述职述廉报告。

2. 召开述职述廉会议。会议由村党支部主持，参加人员范围包括本村党员和群众代表。

3. 收集与反馈意见。述职述廉会议结束后，应广泛收集与会者对村干部廉洁自律情况和述职述廉报告的意见。收集意见采取民主测评、民主评议等形式。收集意见工作由街党委负责，并及时与村党支部书记沟通，如实将群众提出的意见和民主测评、民主评议情况反馈给参加述职述廉的村干部本人。

4. 认真进行整改。村班子和干部要针对群众提出的意见建议，制定整改措施，认真进行整改。

5. 村干部的述职述廉报告、民主测评情况以及述廉过程中形成的其他材料，按有关规定纳入村干部廉政档案。

《村干部守则》

为使我村各项工作能够顺利进行，各项经济指标圆满完成，加强干部队伍建设，提高干部的整体素质和综合能力，特制定村干部守则：

绝对服从村党支部的集中统一领导，不能各行其是。

对支部的各项决议和要求，要认真贯彻执行，做到有令则行，有禁则止。

如遇有什么困难、问题，要及时向党支部汇报。

解放思想，开拓进取，不墨守成规

要勇于开拓，努力拼搏，全力引进大项目。消除骄傲自满，不求进取的不良思想。

要树立竞争意识，要有创新精神，工作要做到年年有新招，年年上台阶。

同心同德，精诚团结，共同创业，不准互相拆台。

要有团队协作精神，要识大体、顾大局。有了问题，多做自我批评，互相补台，不拆台，维护集体利益。

严于律己，宽以待人，求同存异，干实事。不准对自己宽，对他人严，更不准人云亦云等无原则的言行。

清正廉明，正确处理集体与个人的利益关系。

要廉洁自律，做到权为民所用，利为民所谋，情为民所系。不准以权谋私，更不准营私舞弊，假公济私。

对工作认真负责，提倡奉献精神，不准谋取不正当的非法收入。

遵纪守法，身先士卒，作风正派，不准目无法纪，为所欲为。

带头执行国家的方针政策，要以身作则；树立良好的干部形象，务实进取，不搞特殊化。

任职期间达到“四能”干部标准，即：能想事、能办事、能成事、能平事。

班子成员在春节过后一周内要在支部扩大会上宣读本人目标责任书，当场签订并向书记递交责任书，接受监督和考核。

以上守则要求全体干部认真、自觉地遵照执行，违纪者视情节轻重给予批评教育或免去干部职务，调离干部岗位工作。

《村两委会联席会议制度》

为充分发挥党支部和村委会的职能作用，落实民主决策制度，增强村两委会合力，促进重大村务工作决策的科学化、民主化，结合实际，制定本制度。

1. 村两委会联席会议研究讨论的主要村务内容包括：村务规划、村政建设、土地管理、合同发包、计划生育、财务管理、项目开发、基本建设、抗灾自救、救济款物发放等。

2. 村两委会班子成员实到会人数超过总数的 2/3 方可召开两委会联席会议，会议由村党支部书记主持，包村指导员列席会议。会议议题可由党支部、村委会根据工作需要认真研究后提出，提交村两委会联席会议讨论。会议讨论要有会议纪要，有专人记录，会议形成的决定必须遵循少数服从多数的原则。

3. 村两委会联席会议每周六上午召开，特殊情况可随时召开。

4. 村两委会联席会议形成的决定，事项重大的，必须先上报街党委、办事处审核同意后，再召开党员、群众代表大会，讨论并举手表决通过后方可执行。

5. 村两委会联席会议讨论形成的决议或决定，必须尽快进行安排和落实，指派专人办理，限期完成，对未落实或没有完成的要追究相关人员的责任。

支部扩大会议政日制度

为了保证村务的公开、公正、民主管理 ，杜绝个人或少数人说了算的现象，特制定本制度。

指导思想。在区街党委的正确领导下，充分发挥群众的积极性、创造性，走群众路线，努力推进我村的民主政治建设，立足于服从服务改革、发展、稳定的大局，着眼群众关心的热点、难点问题，村务公开、民主管理，实现我村经济的跨越发展。

议政时间。每季度的最后一天。

参加议政人员范围。支部扩大会组成人员：党支部、村委会、集团董事会全体成员及党支部监督组、村委会理财组、集团监事会成员、各党小组组长、集团中层干部。

议政内容

本季度主要工作完成情况。

本季度群众关心的热点、难点问题。

重大事项的讨论、通过及决定。

下季度的主要工作计划。

其他事宜。

《凌庄子村群众代表大会实施办法》

为了加强民主管理，推进基层民主政治建设，保障村里百姓的主人翁地位和民主管理权力，充分调动村里百姓的积极性和创造性，特制定本办法。

1. 指导思想：以马克思列宁主义、毛泽东思想、邓小平理论、“三个代表”重要思想，以及科学发展观重要思想为指导，认真贯彻落实科学发展观，巩固党在农村的执政地位、执政基础，维护社会稳定，构建社会主义和谐社会，进一步完善推进村务公开和民主管理的领导体制和工作体制，把村民自治工作提高到一个新的水平。

2. 基本原则：群众代表大会制度是健全和完善村务公开民主管理工作的基础，必须在村党支部的领导下，在党的政策和国家法律、法规允许的范围内进行。村委会作为群众代表大会工作的主体，要自觉接受上级党委和村党支部的工作指导，积极开展工作。

3. 基本任务：组织村民参与全村的民主决策、民主管理和民主监督，保障村民的知情权、审议建议权、表决权和评议监督权，调动村民的积极性和创造性，促进全村的改革、发展、稳定。

4. 相关规定：群众代表大会三年为一届，每季度召开一次群众代表大会。遇有重大事项，经两委班子协商可召开临时会议。群众代表大会在其职权范围内决定和通过的事项，未经群众代表大会同意不得修改。

《党员学习培训制度》

为进一步加强我村青年党员的思想政治教育，提高我村党员党性修养，让每名党员都能更好的发挥党员的先进性，在群众中起到模范带头作用，增强村党支部的凝聚力、号召力、战斗力，特制定40周岁以下青年党员学习制度。

参加范围

凌庄子村40周岁以下党员、青年团员、入党积极分子。

学习时间

每月16日晚7点—9点（每次学习时间含30分钟交流时间）。

学习内容

1. 学习马克思列宁主义、毛泽东思想、邓小平理论和“三个代表”重要思想，科学发展观、建设社会主义新农村、构建社会主义和谐社会等一系列重要理论以及党章，党的基本路线、基本纲领和基本经验等。

2. 结合相关媒介学习反映当今世界发展的经济、政治、科技、法律、管理等方面的知识 。

3. 了解我村发展历程、发展现状、发展目标及我村组织建设、村政村务制度等。

4. 随时学习中央、市委、区委重要文件和领导同志的重要讲话，以及街党委的重要会议精神。

学习方式

1. 坚持每月集中学习一次。

2. 必须按时参加学习，无特殊原因一律不许请假，每次学习都要有学习笔记和学习体会。

3. 每次学习的出勤和学习情况要列入每年党员的考评。

《凌庄子村重大事项集体研究决策制度》

重大事项范围：

村政建设规划及经济发展目标。

对大企业的投资及改造项目的投入。

对集团合作项目及房地产开发项目的决策。

大项的财务预算结算情况及其他财务重大支出。

村民的福利待遇。

承包合同及工程合同承包事项。

对重大事项研究决策程序：三套班子研究基本方案提交支部扩大会讨论表决，经村全体党员、群众代表大会讨论表决通过后，由分管领导和分管部门具体落实、实施。

2015年，防毒面具捐赠现场

◉ 主要参考文献

1. 天津市西青区地方志编修委员会编:《西青区志》,天津社会科学院出版社,2003年。

2. 天津市南开区地方志编修委员会编:《南开区志》,天津社会科学院出版社,1998年。

3. 韩嘉谷著:《天津古史寻驿》,天津古籍出版社,2006年。

4. 天津市地方志办公室编:《天津区县年鉴(2016)》,天津社会科学院出版社,2016年12月。

5. 天津年鉴社编:《天津年鉴》,2016年。

◉ 编纂始末

2017年，为贯彻习近平总书记、李克强总理关于地方志编修的重要指示、批示精神，按照党中央、国务院提出的推动“物的新农村”和“人的新农村”建设齐头并进的要求，为全面、客观、系统记述社会主义新农村建设中取得的巨大成就，反映村落文化和农民生活，给探索新农村建设的发展经验、发展模式、前进道路提供历史智慧和现实借鉴，凌庄子村两委会决定在已出版的《凌庄子记忆》画册基础上，编写一本完整村志，留下历史资料，以鉴古明今，作为启迪后人的教材。中国地方志指导小组“名村志文化工程方案”下发后，两委会经过认真研究，决定创造条件，申报名村志，写出一部合格的名村志，完整记述建村六百多年来的历史和现状，特别要按照名村志的要求，记述好近二十多年经济建设历程、成就和给村庄带来的巨大变化，作为向世人推介凌庄子的一本村情资料书。凌庄子村组成了由村主要领导参加的村志编修委员会，确定专人具体负责，聘请数名有修志经验的人员组成修志班底，开始村志编修。

在天津市地方志办公室区县处和西青区档案局的指导和帮助下，《凌庄子村志》篇目上报后得以顺利通过，进入天津市首批“中国名村志文化工程”名单。

2017年3月，村志编修正式启动。经过几个月的努力，编修人员在充分利用村档案室档案的基础上，反复和村中老人座谈，对村干部进行访谈，对村人记述村情的文字资料进行整理，查找《西青区志》《李七庄乡志》《西青区统计年鉴》等地方志鉴书籍，搜集到大量资料，经过精心剪裁加工，整理出资料长编，进行初稿编写，至6月完成初稿。初稿经村志领导小组初审后，报请市志办区县处复审，继而向中国地方志指导小组办公室（以下简称“中指办”）主管处室报审。在吸收各方意见后，于9月底完成修改稿，经“中指办”组织专家复核，修改稿达到名村志入选标准，《凌庄子村志》顺利付梓出版，成为建村以来最重要的文化成果之一。

村志编修依据《中国名村志丛书编纂规范》，在基本记述基础上，突出村中的“名”与“特”，对特殊事物进行特殊处置。

本书在编写过程中，得到西青区、李七庄街领导的关注和指导，得到上级部门和有关人员的有力支持，还得到村中热心人士提供材料和多方帮助，在此一并表示诚挚的感谢。因本书中所选照片及诗词文章众多，部分作品未能在出版前及时联系到著作权人，请著作权人看到后与我们联系，我们将奉上稿酬。

由于编写者水平所限，书中错误和遗漏之处难免，敬请批评指正。

编　者

2017 年 9 月

图书阅览室